Von Wismar über Schwerin nach Ludwigslust

von Maike Bruhns

Inhalt

Kurze Geschichte Mecklenburgs und Vorpommerns

Mecklenburg und Vorpommern, erstmalig 1945-1947 ein Land, sind von der DDR-Regierung sogleich wieder in Bezirke aufgeteilt worden. Die Vereinigung zum deutschen Bundesland im Jahre 1989 fügt geographisch Entsprechendes zusammen - die politische Geschichte der Länder Mecklenburg und Vorpommern divergiert dagegen stark. Während Mecklenburg seit dem Mittelalter eine relativ einheitliche, wenn auch recht unruhige Entwicklung erfuhr, war Vorpommern in stärkerem Maße Kriegen und wechselnden Machtverhältnissen mit Fremdherrschaft ausgesetzt. Über regionale Einzel- und Besonderheiten geben die jeweiligen Kapiteleinführungen Auskunft.
Die geographischen Gegebenheiten entstanden im wesentlichen infolge der Eiszeiten: Dreimal drangen Eismassen von Skandinavien aus in den Süden vor, einen Wall von Gesteinsmassen und Felsbrocken vor sich herschiebend. Als das Eis gegen 8000 v. Chr. abtaute, blieb eine Hügel- und Muldenlandschaft, ein Endmoränengebiet zurück. In den Senken bildeten sich Seen und Flüsse.
In der Jungsteinzeit fand die erste nachweisbare Besiedelung durch Ackerbauern und Viehzüchter statt. Zeugnis davon geben die Megalithgräber, die sich heute allerorten in Mecklenburg, vor allem aber auf Rügen erheben. Die ausgedehnten Feuersteinvorkommen machten eine Ansiedlung dort zusätzlich attraktiv. Aus Bodenfunden ließ sich erschließen, daß Mecklenburg – wohl aufgrund von Klimaveränderungen – während der Völkerwanderungszeit 375–600 n. Chr. nur relativ dünn besiedelt war; die Germanen waren nach Süden gezogen. In das entstehende Vakuum drangen Slawen aus dem Osten vor, die fast 600 Jahre lang das Land bebauten.

Im Everstorfer Forst finden sich zahlreiche gewaltige Großsteinanlagen der Jungsteinzeit: Dolmen, Ganggräber, ein Hügelgrab der Bronzezeit und ein mittelalterlicher Sühnestein.

Die Wenden siedelten bis südlich der Elbe (Wendland), im Westen Mecklenburgs die Obotriten, die Wilzen und Liutizen im Osten. Im späteren Mecklenburg-Strelitz ließen sich die Redarier nieder. Slawische Burgwälle, die letzten Relikte der Herrscherburgen der Slawenzeit, finden sich allerorten; eine, südlich von Wismar, nannte sich Michelenburg. Sie war Hauptsitz der Obotriten und gab dem Land seinen Namen. Das junge Museum in Groß Raden zeigt im historischen Überblick und in einer eindrucksvollen Freilichtanlage den neuesten Stand der Forschung zur Slawengeschichte.
Mecklenburgs Geschichte zeichnet sich durch jahrhundertelange Rückständigkeit aus: Seit 1147 fiel der Sachsenherzog Heinrich der Löwe in das Gebiet östlich der Elbe ein, um im Auftrag Kaiser Barbarossas die Christianisierung voranzutreiben. Er verbündete sich mit den Dänen und unterwarf nach 13 Jahren Wendenfeldzügen die Slawen, die sich nun der Christianisierung beugen mußten. Der letzte Obotritenfürst, Niklot, war in der Entscheidungsschlacht bei Burg Werle gefallen. Die Übernahme des Landes erfolgte in geschickter Taktik durch Integration der ehemaligen Feinde: Heinrich gab Pribislaw, dem Sohn Niklots, Nordmecklenburg als Lehen. Pribislaw begleitete Heinrich auf eine Pilgerfahrt nach Jerusalem. Sein Sohn, Heinrich Borwin, heiratete Mathilde, die Tochter Heinrichs des Löwen. So wurden Slawen zu Stammvätern der Mecklenburger Fürsten.
Der Eroberung folgten die Gründungen der Grafschaften Schwerin, Ratzeburg und Dannenberg sowie der Bistümer Schwerin und Ratzeburg. In Mecklenburg begann im 12. Jahrhundert die große Serie von Stadtgründungen, die alle nach dem gleichen Schema angelegt waren: ein gitterförmiges Straßennetz verlief um einen zentral gelegenen Markt mit Rathaus und einer stets gewaltigen Kirche. Eine Welle der Kolonisierung setzte gleichzeitig ein: Siedler aus Flandern, Westfalen, Niedersachsen und Holstein strömten in die Ostgebiete und ließen sich auf dem Land, auch in den jungen Städten, nieder. Klöster, Kirchen und Bistümer wurden ge-

Der Sachsenherzog Heinrich der Löwe fiel seit 1147 in das Land östlich der Elbe ein, verbündete sich mit Dänemark und unterwarf in 13 Jahre dauernden Wendenfeldzügen die dort lebenden Slawen.

baut. Die slawischen Einwohner gingen in der neuen Bevölkerung auf.
Die Geschichte setzte sich kriegerisch fort: Heinrich der Löwe verlor seine Macht und fiel unter die Reichsacht. Dänemark besetzte daraufhin vorübergehend das Land, bis es 1227 mit der Schlacht von Bornhöved die Lehenshoheit aufgeben mußte. Es folgten Teilungen und Erbstreitigkeiten, wirre Zeiten, in denen skandinavische und mecklenburgische Ansprüche das Land in Unruhe stürzten. 1229 folgte die erste Teilung in die Fürstentümer Mecklenburg, Parchim, Güstrow und Rostock. Die Ostseeküste erlebte in der Zeit des Hansebunds eine wirtschaftliche Blüte, deren Spuren sich in den Städten noch nachvollziehen lassen. Die Klöster trieben eigenständig Macht- und Erwerbspolitik. Mit der Reformation, die 1549 auf dem Landtag in Sternberg für ganz Mecklenburg festgesetzt wurde, war die Macht der Kirche gebrochen.
Doch nun erstarkte der Adel. Bis ins 15. Jahrhundert hielt sich der Bauernstand frei und prosperierte sogar. Nun fiel das Land in die Hände der Grundherren, von denen die Fürsten sich manches Privileg abkaufen lassen mußten. 1621 erfolgte die nächste Teilung Mecklenburgs in die Herzogtümer Mecklenburg-Schwerin und Mecklenburg-Güstrow. Auch diese Periode währte nur kurze sieben Jahre. Im Dreißigjährigen Krieg übernahm Wallenstein als neuer Herzog von Mecklenburg das Regiment in Güstrow und führte sinnvolle Reformen durch, in deren Verlauf sich der Adels- und Ständestaat in einen Beamtenstaat verwandelte. Als Gustav Adolf von Schweden 1631 in den Krieg eintrat, mußte Wallenstein aufgeben, die Herzöge kehrten zurück und mit ihnen die alte Rückständigkeit der Adelsherrschaft.
Der Krieg verheerte das Land in schrecklicher Weise, Seuchen entvölkerten es zusätzlich. 1648 kamen Wismar und Poel (mit Vorpommern) an Schweden und fielen erst 1803 an Mecklenburg zurück. 1701 erfolgte eine erneute Teilung des Landes in die Herzogtümer Schwerin und Strelitz. Die

Der Herzog von Friedland, Albrecht von Wallenstein, oberster Feldherr des kaiserlichen Heeres, übernahm als neuer Herzog von Mecklenburg im Dreißigjährigen Krieg das Regiment in Güstrow. Er löste den Adels- und Ständestaat auf und führte einen Beamtenstaat ein. Er kümmerte sich um das Armenwesen, besteuerte die Besitzenden und plante eine Wasserstraße von der Ostsee zur Elbe. 1631 mußte er abdanken, die Mecklenburger Herzöge kehrten zurück und seine Reformen wurden wieder aufgehoben.

Mecklenburg und Pommern im 17. Jahrhundert. Kupferstich des berühmten holländischen Topographen Visscher.

CARTE GEOGRAPHIQUE
DU DUCHÉ DE
POMERANIE
ET
MECKLENBOURG
mise en lumierre par N. VISSCHER
avec Privilege
Nunc apud Petrum Schenk Junior
THICUM
Vulgo
DE OOST ZEE
Uſedom Inſ.
WOLLINSCHE WERDER
DAS GROSSE HAFF
GUTSKOW
HERTZOG
THUM
POM
MERN
Cammin
Stettin
Schifelbein
Falckenburg
Dramburg
Arenswalde
Kalis
Nie Diep
Custrin
Driesen

schwersten Nachteile hatte der Bauernstand hinzunehmen: 1654 wurden die bäuerliche Leibeigenschaft und Erbuntertänigkeit per Gesetz festgelegt und mit der Einführung der mecklenburgischen Schlagwirtschaft die Felder zusammengelegt oder dem Gutsbesitzer zugeschlagen. Das berüchtigte „Bauernlegen“ setzte ein, die Bauern verkamen zu rechtlosen Tagelöhnern oder Landarbeitern. Sie versanken in Resignation oder wanderten in die Neue Welt aus. Das Gesetz blieb bis 1820 in Kraft, doch bis 1848 waren die Reformen in Mecklenburg noch nicht durchgesetzt. In Ostelbien entschieden das Herrscherhaus, einige Großgrundbesitzer und bürgerliche Familien, die „Junker”, über das Geschick des Landes. Bis 1918, über 400 Jahre, blieb in Mecklenburg die ständische Verfassung bestehen und damit Rückständigkeit und Konservativismus. Trotz der Abdankung des Großherzogs Friedrich Franz IV. von Mecklenburg änderte sich 1918 nach der Revolution wenig. Eine Hälfte des Landes verblieb den Großgrundbesitzern. Erst 1945 wurde das Land durch die Bodenreform aufgeteilt. Damit war die Junkerherrschaft endgültig beendet. Die Vorzüge der parlamentarischen Demokratie seit 1918 bestanden genau 15 Jahre, bis zur NS- und der nachfolgenden SED-Diktatur. Auch nach der Wiedervereinigung tut sich das traditionelle Agrarland Mecklenburg schwer mit der wirtschaftlichen Umstellung. Wieder hat ein großes Bauernsterben begonnen, die erhofften Industrieansiedlungen aus dem Westen blieben bis jetzt rar. In der strukturschwachen Region erhofft man sich vom Tourismus und Ausbau kultureller Schwerpunkte wirtschaftlichen Aufschwung.

Ein Bote aus mecklenburgischer Frühgeschichte: Der sogenannte uckermärkische „Wendengötze“ wurde in einer Sandgrube zusammen mit einem Skelett gefunden. Ist diese Bleifigur zu kultischen Zwecken in das Grab gesenkt worden?

Vorpommerns Geschichte verlief anders: Hier war es der Pommernfürst Wratislaw I., der sich bereits 1124 taufen ließ, weil er sich der Christianisierung beugen mußte. Er holte den berühmten Bischof Otto von Bamberg ins Land und ließ eine Massentaufe abhalten. So wurde er der Stammvater der Herzöge von Pommern. Stadt- und Klostergründungen brachten dem Land schnell Wohlstand, der bis zum Dreißigjährigen Krieg anhielt. Dieser traf das friedliche Land ungerüstet; als 1627 die kaiserlichen Truppen einfielen, mußte der überraschte Herzog tatenlos zusehen. Am Ende des Krieges war das Herzoghaus ausgestorben, das Land ausgebeutet und verwüstet. (Der Refrain „Pommerland ist abgebrannt" in dem Lied „Maikäfer flieg" bezieht sich direkt auf diese Verhältnisse.) Von den Folgen dieser Katastrophe konnte es sich nicht mehr erholen. Pommern wurde 1648 geteilt. Von 1648–1815 gehörte Vorpommern, nördlich von Peene und Trebel mit Stettin und Rügen zu Schweden, Hinterpommern, südlich der Peene mit Usedom zu Brandenburg.
Schwedische Offiziere erhielten nach ihrem Kriegseinsatz große Güter; 70 Prozent des Landes waren Großgrundbesitz, die Bauern per Gesetz enteignet und verarmt wie in Mecklenburg. Das Land kam durch die nachfolgenden nordischen Kriege und Besetzungen nicht zur Ruhe. Der Dichter und Schriftsteller Ernst Moritz Arndt (1769–1860) geißelte in seinen Schriften die Zustände. Erst 1810 hob die schwedische Herrschaft die Leibeigenschaft auf und führte eine Ständeverfassung ein. Sie kam jedoch wegen der napoleonischen Feldzüge nicht zum Tragen. Die Franzosen besetzten Vorpommern, das nach dem Wiener Kongreß 1815 zu Preußen gehörte. Nun wurde die Adelsherrschaft durch die preußische Domänenverwaltung ersetzt, die sich für die Bauern wiederum nachteilig auswirkte. Sie mußten ihre Selbständigkeit erkaufen, indem sie bis zur Hälfte ihres Besitzes an die Grundherren abgaben. Wiederum folgte eine große Auswanderungswelle.
Der anhaltende Zorn der Landbevölkerung über die ostelbi-

Ernst Moritz Arndt (1769–1860), oben. Der Dichter und Theologe wurde in Groß Schoritz auf Rügen geboren. Sein Buch „Versuch einer Geschichte der Leibeigenschaft in Pommern und Rügen“ trug entscheidend zur Aufhebung der Leibeigenschaft in Vorpommern bei. Xylographie aus dem Jahre 1848.

Otto von Bamberg (um 1062–1139), der Apostel der Pommern (unten). Der Kanzler Kaiser Heinrichs IV. entstammte wahrscheinlich einer schwäbischen Adelsfamilie. Seit 1102 war er Bischof von Bamberg. Bei seiner Missionsreise nach Pommern im Jahre 1128 führte er dort endgültig das Christentum ein. Stich aus der Zeit um 1700.

schen Junker und Großgrundbesitzer wurzelt also in der Geschichte und wirkt bis in die Gegenwart, was an der Verwaltung und Bewahrung der Hinterlassenschaften, der Herrenhäuser, deutlich wird. 1945 wurde Pommern erneut geteilt, Hinterpommern kam zu Polen, Vorpommern zu Mecklenburg. Seit 1952 fand eine Neuaufteilung Vorpommerns statt: Die nördliche Hälfte fiel in den Bezirk Rostock, die südliche an den Bezirk Brandenburg.
Nach der Wende 1989 – am 3. Oktober 1990 – wurde das Bundesland Mecklenburg-Vorpommern geschaffen.

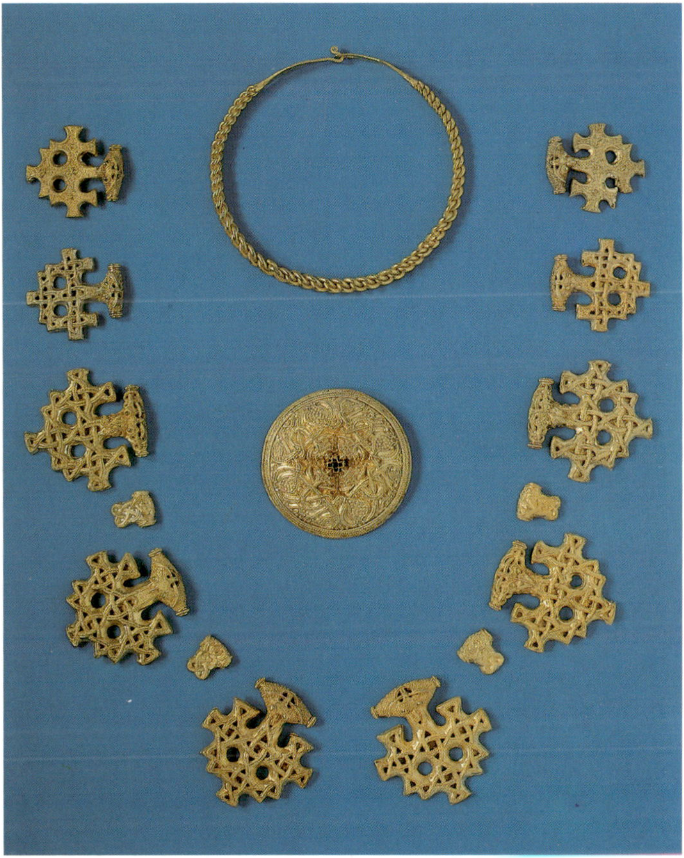

Im Jahre 1872 wurde durch eine Sturmflut der berühmte Hiddenseer Goldschatz, ein Wikingerschmuck, bestehend aus einem Halsreif, einer Fibel und vierzehn massiven Hängeteilen, freigespült. Der Schmuck stammt aus dem 10./11. Jahrhundert und wird im Kulturhistorischen Museum von Stralsund aufbewahrt. Im Hiddenseer Heimatmuseum kann man eine Replik bewundern.

Mecklenburg-Vorpommern gehörte mit seinen Städten Wismar, Rostock, Greifswald und Stralsund zum wendischen Bereich der Hanse, die sich vom 13. bis 16. Jahrhundert mit monumentaler Backsteingotik schmückte. Prachtvolle Rathäuser, Dome, Stadthäuser und Stadttortürme – Instrumente der Selbstdarstellung des Bürgertums – zeugen noch heute von ihrer Wirtschaftsmacht. Die Kirche manifestierte ihren Geist in der Errichtung zahlreicher Klöster und Dorfkirchen. Kaum ein Dorf ohne backsteingotische große Kirche – Ausdruck der Gläubigkeit und des Selbstbewußtseins der Menschen.
Das Beinhaus des ehemaligen Zisterzienserklosters Bad Doberan mit seiner lebhaft gemusterten Ziegelarchitektur. In seinem Keller wurden die Gebeine der Mönche gelagert.

Der niederdeutsche Dichter Fritz Reuter (1810–1874) setzte sich für die Belange des Volkes ein. Bis 1918, über 400 Jahre, blieb in Mecklenburg die ständische Verfassung bestehen und somit Rückständigkeit und Konservativismus.

Kulturelle Schwerpunkte in Mecklenburg-Vorpommern

Mecklenburg-Vorpommern kann sich trotz des Rings der Hansestädte an der Ostseeküste und seiner kleinen Residenzen in Schwerin und Güstrow in kultureller Hinsicht nicht mit den anderen Ländern, etwa Sachsen, messen. Schatzkammern der Kunst wie Dresden hat es nicht aufzuweisen. Dennoch bietet es neben Regionen von ausgeprägter landschaftlicher Schönheit (Mecklenburgische Seenplatte, Rügen, Usedom etc.) vielseitige Kultur-Zeugnisse seit dem Mittelalter.

Die kulturelle Eigenleistung der Region war zweifelsohne die norddeutsche Backsteingotik. Georg Dehio charakterisierte sie treffend: „Sie ist selbstbewußt ohne Selbstgefälligkeit, sachlich ohne Nüchternheit, ernst ohne Kälte, streng ohne jegliche Anwendung von Askese, kühn im Großen und haushälterisch im Kleinen, besonnen, immer geradeaus auf die Hauptsache gerichtet" - und sie besitzt einen Hang zur Monumentalität.

Mecklenburg-Vorpommern gehörte mit seinen Städten Wismar, Rostock, Greifswald und Stralsund zum wendischen Bereich der Hanse, die, ausgehend von der Hansestadt Lübeck, vom 13.–17. Jahrhundert die Baukunst der Gotik auf ihren ausgedehnten Handelswegen verbreitete. Die Hanse schmückte sich mit Backsteingotik, diese profitierte ihrerseits von der Wirtschaftskraft des Bundes. Die prachtvollen Rathäuser, Dome und Stadttortürme waren Instrumente der Selbstdarstellung des Bürgertums.

Aber auch das südlich der Küste gelegene Hinterland erweist sich nicht als ästhetisches Vakuum: Es findet sich kaum ein Dorf ohne eine große backsteingotische Kirche – Manifestation der Epoche, der Gläubigkeit und des Selbstbewußtseins der Menschen. In stilistischer Hinsicht unterscheidet sich die Backsteingotik in vielen Details von den Hausteinbauten der europäischen Gotik. Einige seien genannt: Der schwer zu bearbeitende Backstein erforderte künstlerische Phantasie und Werkstoffbeherrschung, um die Breite der ästhetischen Wirkung hervorzubringen. Die Herstellung der Formsteine für Profile, Friese und Giebel erfolgte höchst einfach und manuell mit Messer und Schneidedraht. Angefangen beim romanischen Rundbogenfries steigerte sich das Formvokabular bald zum Kleeblattbogen- und schließlich zum Maßwerkfries, der dann im Sakral- wie Profanbau effektvoll vor helle Kalkputzflächen gesetzt wurde. Wechsel von dunkel glasierten und unglasierten Ziegeln, Ziegelmustermauerungen usw. gehörten zum spielerischen Fundus des Backsteingotikers. Der Aufbau erweist sich meist zweigeschossig ohne Triforium - eine deutsche Lösung: „gigantische Pfeiler reißen den Blick in die Höhe, man will imponieren und versteht es“ (Wilhelm Pinder).

Die Entscheidung für Hallenkirche oder Basilika war keine Frage des Stils, sondern der Politik: Die Frühgotik bevorzugte die Halle, die Hochgotik die Basilika; der sogenannte strenge Stil zeigt beide Typen in Auseinandersetzung, während die Spätgotik wieder der Halle den Vorzug gibt. Basilika und Halle verhalten sich grob verallgemeinert wie Fürstenherrschaft und Bürgertum, Hierarchie und Demokratie. Die Hallenkirche konkretisiert den Geist der Städte, die Unabhängigkeit von geistlichen und weltlichen Oberhäuptern. In den Wehrbauten, den Stadtbefestigungen mit prächtigen Toranlagen, verhält es sich ähnlich. Die schier unendliche Zahl von Dorfkirchen (mit Kapellen ca. 700) mit ihrem trutzigen Äußeren zeugen von der Kraft der Christianisierung und gleichermaßen von Selbstbewußtsein und Eigenständigkeit der Bauern im Mittelalter.

Die Städte mit ihren Bauten und besonders die Backsteinkirchen haben meist eine lange, von Zerstörungen (durch Krieg und verheerende Stadtbrände), Veränderungen und Restaurierungen geprägte Geschichte. Nicht selten ist der existente Bau ein Nachfolger eines (oft auch bedeutenden) Vorgängers. Es kann nicht Aufgabe dieses Bandes sein, alle Phasen und ihre Spuren am einzelnen Bau nachzuverfolgen; hierzu wie auch für die Vollständigkeit der Baudenkmale und

Die gut erhaltene, stattliche Barockanlage Schloß Bothmers in Klütz ließ der Graf von Bothmer, preußischer Gesandter am englischen Königshof, im 18. Jahrhundert nach englischem Vorbild errichten.

ihrer Ausstattung, die nur in bedeutendsten Exemplaren aufgeführt ist, ist Spezialliteratur empfohlen. Auch die abgelegenste Dorfkirche besitzt meist eine Granittaufe aus romanischer Zeit, häufig alte Wandmalereien oder einen mittelalterlichen Kelch. Es empfiehlt sich unbedingt, auf eigene Faust eine Kirche zu erkunden und ihre Schätze zu entdekken. Der Zustand der alten Bauten ist oft bedenklich, denn die letzten Renovierungen fanden vielfach zu Anfang des 19. Jahrhunderts statt, so daß die gegenwärtige Verwahrlosung oder der langsame Untergang nicht allein der ehemaligen DDR zuzuschreiben sind. Zu viele Kirchen müssen von der mittellosen Landeskirche unterhalten werden.

Gegenüber den zahllosen Zeugnissen der Backsteingotik sind die späteren Stilphasen der Kunstgeschichte sehr viel weniger gut und weitverbreitet erhalten: Renaissancebauten waren entweder Bürger- oder Herrenhäuser; bis auf Ausnahmen sind sie nicht mehr vorhanden. Der bedeutendste Schloßbau steht in Güstrow, weitere Zeugen finden sich in Neustadt-Glewe und in Wismar. Das Gros der Renaissance-Herrenhäuser überstand, wie so viele der späteren Adelsbauten, die Zeit nach 1945 nicht. Unter den barocken Schloßanlagen ragt Schloß Bothmer heraus. Zeugen des Klassizismus sind in Residenzen, Stadtgründungen und -häusern relativ verbreitet. Im 19. Jahrhundert erfolgte besonders in Mecklenburg die Errichtung einer Reihe historisierender Schloßbauten. In den Küstenbadeorten kam es kurz vor der Jahrhundertwende zu einem Bauboom in der sogenannten Bäderarchitektur historistischen Charakters. Auch hier ist vieles verfallen und kaputtgewohnt.

Der Umgang der DDR mit den ihr reihenweise zugefallenen Schlössern, Herren- und Gutshäusern ist ein geschichtliches Phänomen besonderer Art. Die „Junker“ wurden mit der Bodenreform zwischen 1945 und 1949 enteignet, ihre Ländereien und Häuser fielen in die Verantwortlichkeit der Gemeinden, Kreise und LPGs. Ein wahrhaft lohnender Zuwachs, denn fast in jedem dritten Dorf Mecklenburgs stand ein Herrenhaus. Der alte Haß auf die Feudalherren trieb merkwürdige Blüten: Am deutlichsten äußerte er sich im sinnlosen Abriß der Schlösser von Neustrelitz und Putbus. Die schönsten (und jüngsten) Schlösser wurden zum Teil als Tagungs- und Repräsentationsstätten der Parteiaristokratie genutzt, als Ferienheime für Betriebsgruppen, Verbände, als Ausbildungs- und Schulungszentren verwendet. Sie wurden bestenfalls schlecht und recht instandgehalten. Schlimmer stand es um solche Herrenhäuser, die für Verwaltungs- oder LPG-Nutzung zweckentfremdet wurden: Hier finden sich verschandelte Ensembles, verkommene Parks, Misthaufen auf dem Ehrenhof, scheußliche LPG-Einheitsschuppen in der Hauptblickachse, zusammengebrochene Gutsgebäude im Verein mit Müll und Schrott.

Die LPGs hätten ausreichend Arbeitskräfte und Kapital besessen, um die nötigen Renovierungen durchzuführen, jedoch mangelte es an historischem und ästhetischem Bewußtsein. Der Herrenhäuser waren viele: Reihenweise wurden sie sozialer Nutzung zugeführt, als sogenannte „Feierabendheime“ – ein beschönigendes Wort für sozialistische Verwahrpraxis alter Menschen in ungeeigneten Räumlichkeiten und unter primitiven Verhältnissen – als Behinderten- oder Pflegeheime oder als Kindergärten. Ein Teil wurde auch für Wohnzwecke genutzt, indem die großen Häuser unterteilt und nach und nach kaputtgewohnt wurden, denn renoviert wurde kaum, da geignete Materialien fehlten und sich niemand verantwortlich fühlte. Die einfachsten Wartungsarbeiten unterblieben, und mit der vielzitierten Birke in der Dachrinne nahm der Verfall seinen Lauf. Zahllose unbewohnbare Herrenhaus-Ruinen mit ehemals schönen Fassaden dokumentieren das Desinteresse und die allseits verbreitete Gleichgültigkeit gegenüber kulturhistorischen Schätzen, die sich in den Städten entsprechend im Zugrundewohnen der alten Stadthäuser manifestierten.

Sehr desolat erweist sich das Gros der Herrenhäuser auf Rügen, die oft so abgelegen sind, daß nur Feldwege zu ihnen

Der Turm der gotischen Marienkirche und der Fürstenhof im Renaissancestil gehören zu den hervorragenden Kulturstätten Wismars.

führen. Manche sind einfach gesprengt worden. Auch hier sind noch unerwartete Entdeckungen zu machen.

Museen existieren in großer Anzahl und Breite in Mecklenburg-Vorpommern, viele mit längerer und individuell bewegter Geschichte. Die Mehrzahl bilden die Heimatmuseen in beinahe jedem Ort und in vielen Dörfern, die von der Regionalverbundenheit der Einwohner zeugen und in der Regel weniger sozialistisch ausgerichtet sind als die Freilicht- und Technikmuseen. Gründungen jüngeren Datums wie das Lilienthalmuseum in Anklam, das Museum für Ur- und Frühgeschichte in Schwerin, das Slawen-Freilichtmuseum in Groß Raden sind kulturelle Schwerpunkte von besonderer Art. Die Bildergalerie des Staatlichen Museums Schwerin kann sich selbstverständlich mit der Dresdner Gemäldegalerie nicht messen – sie besitzt dennoch viele Glanzlichter. Als Glücksfall sind die Barlachmuseen in Güstrow zu bezeichnen, die dem Land hoffentlich erhalten bleiben.

Von Wismar über Schwerin nach Ludwigslust

Kultur und Landschaft

Das Gebiet ist landschaftlich vielseitig: im Norden die Ostseeküste mit der Insel Poel, östlich anschließend die schöne Mecklenburgische Seenplatte mit ihren ausgedehnten Waldbeständen, im Südwesten die Elbe, die alte Landesgrenze, und im Westen bis zur Ostseeküste herauf die ausgedehnten landwirtschaftlichen Regionen. Seit jeher bildeten Wismar und Schwerin die Wirtschafts- und Kulturzentren des Gebiets. In die Bäder der Ostseeküste, Boltenhagen, Poel, Rerik kommen Jahr um Jahr tausende Erholungssuchende. Der Klützer Winkel im Nordwesten, wo noch die Landwirtschaft dominiert, ist altes Grafenland, in dem viele Herrenhäuser des Barock, des Klassizismus und Historismus stehen. Fruchtbare Böden sorgten von jeher für reiche Ernten. Nach der Vertreibung der Junker verfielen die Herrenhäuser, an der Struktur hat sich jedoch wenig geändert: Noch immer herrscht die alte Rückständigkeit. Die sozialistische Bodenreform von 1945 schuf neue Bewirtschaftung, die Größe der Güter blieb den LPGs erhalten. Wismar nimmt als ehemalige Hansestadt mit der Tradition freien Bürgertums und weltoffener Atmosphäre eine besondere Position ein. Die Spuren von Reichtum und Ansehen, für die das Trio der riesigen Kirchen stets sinnbildlicher Ausdruck war, konnte auch die enge DDR-Herrschaft nicht gänzlich tilgen.

Im südlichen Bereich dieses Teils von Mecklenburg mit seinen sandigen Böden und den endlosen Birkenalleen haben manche Dörfer ihren alten Charakter erhalten. Zuweilen existiert noch die wendische Rundlingsform mit ihren fächerförmig aneinandergereihten Gehöften oder intakte niederdeutsche Hallenhäuser (z. B. in Lübbendorf, Belsch); die

meisten Dörfer sind allerdings mit entstellenden Einheitsserienhäusern und aufgereihten grauen Putzbauten auf Hochsockeln (z.B. Carlow, Neu Wendischthun, Garlitz, Brömsenberg, Püttelkow) verbaut. Auch die verträumten Fachwerk-Städtchen sind zum Teil noch in einem Zustand erhalten, der an die dreißiger Jahre denken läßt (Boizenburg, Neuhaus), ständen nicht am Ortsrand die häßlichen Mietskasernen des sozialistischen Wohnungsbaus. Ein Kuriosum besonderer, weil politischer Art hat die Grenznähe in Rüterberg bei Dömitz geschaffen: Die 150 Einwohner dieses Dörfchens waren in den letzten 22 Jahren durch die Grenzanlagen abgeschnitten und konnten ihr Dorf nur mit Passierschein verlassen. Sie riefen am 8. November 1989 eine selbständige „Dorfrepublik“ aus.
Die Region ist reich an kulturellen Zeugnissen. Diverse wertvolle Bodenfunde der vor- und frühgeschichtlichen Zeit brachten Gefäße, Gebrauchsgegenstände und Schmuck zutage, die in den Museen präsentiert werden. Im Nordteil finden sich Großsteingräber aus der Jungsteinzeit, bronzezeitliche Kegelgräber und Slawenwälle. Nach der Unterwerfung der Obotriten um die Mitte des 12. Jahrhunderts und der darauffolgenden Kolonisierung durch westdeutsche Siedler verbreitete sich die mittelalterliche Kunst, die Romanik und Gotik, allerorten. Nach der Christianisierung entstanden Burgen und erste Stadt- oder Ortsgründungen, Domstifte und Klöster (z. B. in Tempzin und Neukloster) sowie Erstbauten der Kirchen. (Leider sind fast alle Kirchen der Region abgeschlossen. Man kann sich jedoch problemlos im Pfarrhaus die Schlüssel geben lassen.) Bis zum frühen 14. Jahrhundert war Feldstein das gängige Baumaterial. Seit der Mitte des 13. Jahrhunderts begann sich daneben der Backstein durchzusetzen, mit dem im 14. und 15. Jahrhundert erstaunliche stilistische Leistungen erzielt wurden (besonders beim Dom in Schwerin, den drei Hauptkirchen der Hansestadt Wismar und den Bürgerhäusern). Für einfache Profanbauten in Stadt und Land herrschte Fachwerkbauweise vor.

Plastik und Malerei waren großenteils von westlichen Zentren abhängig (Lübeck, Flandern, Frankreich). In der Renaissance übernahm der durch Reformation und Säkularisierung erstarkte Adel die Funktion des Kulturträgers als Auftraggeber für aufwendige, oft befestigte Schlösser. Stilistische Anregungen kamen aus Italien und den Niederlanden (Floris-Stil). Eine regionale Besonderheit bildet die sogenannte Terrakotta-Architektur: z. B. die Dekoration mit Terrakottareliefs und Formteilen am Wismarer Fürstenhof, den Schlössern von Schwerin und Gadebusch.

In den Städten war der Niedergang der Hanse nicht mehr aufzuhalten, in den Dörfern herrschte Stagnation. Die Zeit des Barock (um 1650–1780) ist geprägt durch die weiterhin erstarkenden Großgrundbesitzer und das berüchtigte Bauernlegen. Neben dem Getreideexport weiten Umfangs (besonders nach England) ermöglichte dies eine ländliche Adelskultur großen Stils, die sich in repräsentativen Schlössern und Herrensitzen mit ausgedehnten Parkanlagen, teils nach französischen, teils nach englischen Vorbildern (z. B. Schloß Bothmer) manifestierte. In diese Zeit fiel auch die planmäßige Anlage einer ganzen Residenz (Ludwigslust).

Der nachfolgende Klassizismus (um 1770–1840) fand als Modestil Verbreitung (Rathaus Wismar, Neues Gebäude in Schwerin). Barockgärten wurden in dieser Zeit zu Landschaftsparks verändert. Das Stilgemisch des Historismus läßt sich an vielen Landhäusern, aber auch an Großanlagen wie dem Schloß in Schwerin nachvollziehen. In der Gründerzeit kam es in Wismar und Schwerin zu beschränktem industriellem Aufschwung und erneuter Bautätigkeit.

Dieser westliche Teil Mecklenburgs ist, was die Sicherung der im Zweiten Weltkrieg nicht zerstörten Altbausubstanz und den beträchtlichen Verfall der letzten Jahrzehnte angeht, insgesamt in besserem Zustand als das östliche Mecklenburg – möglicherweise wegen der Grenz- oder Seenähe. Manches wurde zu DDR-Zeiten restauriert, vieles ist auch hier unwiederbringlich zerstört.

Zwischen Grevesmühlen und Ostseebad Boltenhagen

Klütz/ Schloß Bothmer
nördlich der 105, zwischen Grevesmühlen und Ostseebad Boltenhagen
Die Klützer Stadtkirche St. Marien ist eine bedeutende dreischiffige Backstein-Hallenkirche aus der Mitte des 13. Jahrhunderts mit rechteckigem Chor. Sie ist ein Beispiel für spätromanisch-frühgotische Architektur. Der Westturm aus dem 14. Jahrhundert trägt über Zwillingsfenstern blendengeschmückte Giebel und einen Achteckhelm. Die Portale im Norden und Süden des Schiffs sind besonders reich profiliert und mit glasierten Ziegeln versehen. Gewölbe und Pfeiler des Langhauses wurden 1701 verändert. Im Chor haben sich zwei kuppelige Kreuzgratgewölbe und ein spitzbogiger Triumphbogen zum Langhaus erhalten.
Das Innere wirkt durch den langgestreckten Chor und die nachträgliche Veränderung der Gewölbe im Schiff niedrig. Auf dem Boden finden sich Reste gotischer gemusterter und glasierter *Fußbodenplatten*. Ein *Granittaufstein* stammt aus dem 13. Jahrhundert, das hölzerne *Taufgehäuse* von 1655: Vier Engel tragen ein achtseitiges Taufbecken, auf dessen Außenseite Christus als Weltenrichter und Apostel zwischen ornamentierten Pilastern erscheinen. Der Deckel ist laternenförmig und ebenfalls reich dekoriert durch die Abbildung des Kampfes Jakobs mit dem Engel. An der Südwand des Chors ist *Chorgestühl* aus dem 14. Jahrhundert aufgestellt, das an den Wangen mit Wimpergen, Fialen und Reliefs verziert ist. Die hölzerne *Kanzel* entstand 1587 und zeigt Wappen zwischen kannelierten Säulen am Korb, während der *Barockaltar* mit hohem architektonischem Aufbau im Mittelfeld eine Kopie einer Kreuzigung von Anthon van Dyck aufweist.

Die Klützer Marienkirche besitzt eine reiche Ausstattung. Oben der Blick in den Chor mit Barockaltar und Renaissancekanzel. Im kleinen Bild eine Ansicht des reichdekorierten, achteckigen, hölzernen Taufbeckens von 1655.

Boltenhagen-
bucht
Brook
Warnkenhagen
Elmenhorst
Redewisch
Ostseebad
Boltenhagen
Hohen
Schönberg
Kalkhorst
Klütz
Tarnewitz
Goldbeck
Dönkendorf
Wohlenberger
Wiek
Stellshagen
Rankendorf
Wohlenberg
Welzin
Damshagen
Niendorf
Grevenstein
Großen-
hof
Roggens-
torf
Parin
Thorstorf
Hohen-
kirchen
Moor
Rolofs-
hagen
Groß
Walmstorf
E22
Tramm
Mallentin
Gostorf
105
Grevesmühlen
Papen-
husen
Börzow
Meierstorf
Stepenitz
Grieben
Wotenitz
Bernstorf
Radegast
Upahl
Plüschow
Vitense
Parber
Jeese
Boienhagen
Sievershagen
Othenstorf
Hanshagen
Rüting
Brützkow
Kasendorf
Bülow
Wedendorf
Mühlen-
Eichsen
Wüstenmark
Köchelstorf
Goddin

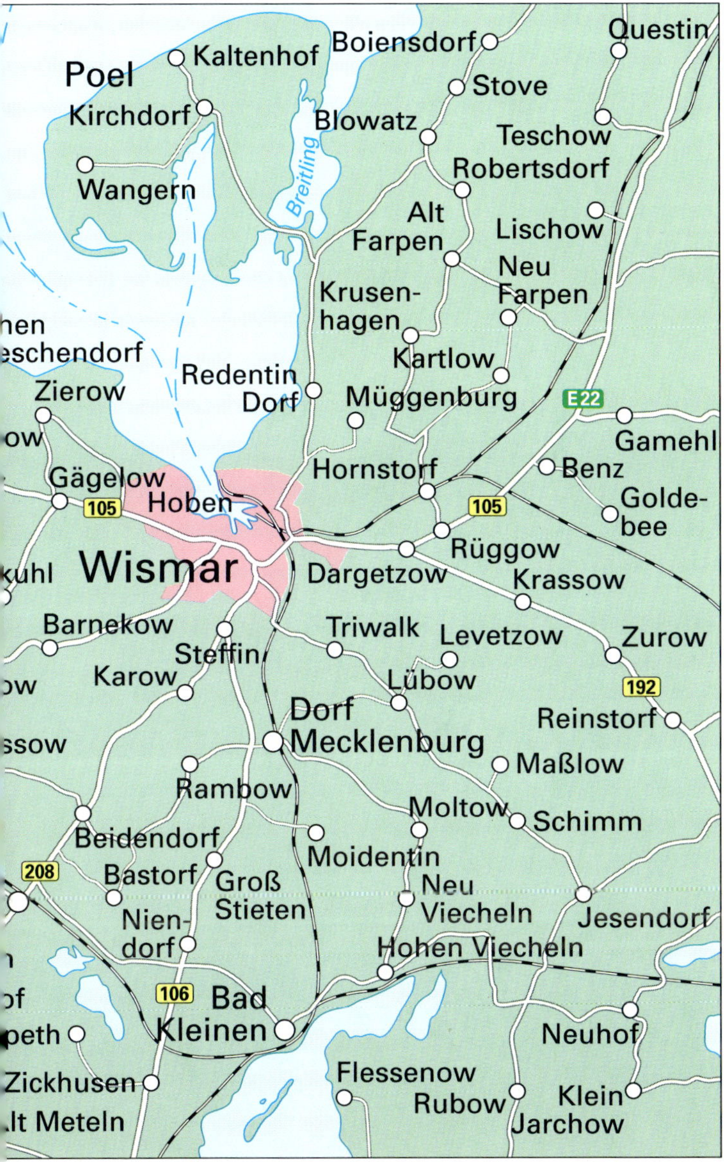
Poel
Kaltenhof
Kirchdorf
Wangern
Breitling
Boiensdorf
Stove
Blowatz
Questin
Teschow
Robertsdorf
Alt Farpen
Lischow
Neu Farpen
Krusenhagen
Kartlow
Müggenburg
Redentin Dorf
Zierow
Gägelow
Hoben
Wismar
Hornstorf
E22
Gamehl
Benz
Goldebee
105
105
Rüggow
Dargetzow
Krassow
Barnekow
Steffin
Triwalk
Levetzow
Zurow
Karow
Lübow
192
Dorf Mecklenburg
Reinstorf
Maßlow
Rambow
Moltow
Schimm
Beidendorf
Moidentin
208
Bastorf
Groß Stieten
Neu Viecheln
Jesendorf
Niendorf
Hohen Viecheln
106
Bad Kleinen
Neuhof
Zickhusen
Flessenow
Rubow
Klein Jarchow

Zwei *Epitaphien* für die Familie von Plessen komplettieren das eindrucksvolle Interieur. Bei Restaurierungsarbeiten wurden alte *Wand- und Deckenmalereien* freigelegt. Weitere Renovierung steht an, da die Wände feucht sind.

Am südlichen Ortsrand von Klütz liegt SCHLOSS BOTHMER, eine weitläufige barocke Backsteinanlage, die der Graf von Bothmer nach Plänen von Johann Friedrich Künnecke 1726–1732, englischem Vorbild folgend, errichten ließ (der Graf war preußischer Gesandter am englischen Königshof). Das Schloß ist ein elfachsiger, zweigeschossiger Bau mit Mansarddach und dreiachsigem Mittelrisalit mit wappengeschmücktem Dreiecksgiebel. Die seitlich rechtwinklig anschließenden ebenfalls zweigeschossigen *Kavaliershäuser* sind durch einstöckige Galerien mit dem Schloß verbunden.

In Treppenhaus und Festsaal haben sich *Stuckdekorationen* erhalten, die um 1750 von italienischen Künstlern, u. a. von Andrea Maiani, geschaffen wurden. Der Saal besitzt außerdem *Holzpaneele* und einen stukkierten *Kamin*. Das gesamte bewegliche Mobiliar ist verloren. Gartenseitig schließt ein *Barockpark* an; das ganze Anwesen ist nach holländischem Vorbild von breiten Wassergräben umzogen. Eine Allee sorgfältig gestutzter Linden führt zum nächsten Ort.

Was von weitem einen anmutigen, repräsentativen Eindruck erweckt, zeigt bei Nahsicht Veränderungen. Seit 1975 wird restauriert. Vorerst wird Schloß Bothmer noch als „Feierabendheim Clara Zetkin“ genutzt. Eine Besichtigung ist nach Anmeldung bei der Heimleitung möglich.

Hohenkirchen

an der Straße Klütz – Wismar nahe dem Wohlenberger Wiek

Die stattliche DORFKIRCHE liegt auf einer Anhöhe. Sie ist ein einschiffiger, spätgotischer Backsteinbau des 15. Jahrhunderts mit 5/8-Schluß und quadratischem massivem Westturm (mit einem späteren Obergeschoß und Dach). Das Innere ist kreuzrippengewölbt, die Ausstattung vorwiegend barock. Sehr eindrucksvoll ist der *Holzaltar* von 1749, den Heinrich

Das repräsentativste Schloß des Landkreises ist das Barockschloß Bothmer (oben), das nach englischem Vorbild errichtet wurde und von Wassergräben umgeben ist.
In Hohenkirchen lohnt ein Besuch der stattlichen Dorfkirche (unten links) mit ihrer exquisiten Ausstattung. Die Mühle von Klütz (unten rechts) ist eine Holländerwindmühle mit Galerie, die heute eine Gaststätte beherbergt.

Johann Bülle aus Wismar schuf. Sein zweigeschossiger architektonischer Aufbau rahmt ein Kruzifix im Hauptfeld, das wiederum seitlich von Doppelsäulen und einer Jesaja- und Mosesfigur begleitet wird. Im oberen Feld schwebt der Auferstandene. Sehr zart und ausdrucksvoll ist das frühgotische *Triumphkreuz,* massiv dagegen der romanische *Taufstein,* der am Fuß vier Köpfe, am Becken Rundbogenarkaden und Kleeblätter trägt.

Everstorfer Forst

nördlich der 105, zwischen Grevesmühlen und Wismar; hinter Degtow nach links in Richtung Holkendorf, dann noch ca. 3 km bis zum Ende des Hochwaldes

Im Everstorfer Forst finden sich mehrere JUNGSTEINZEITLICHE GROSSTEINGRÄBER und weitere frühgeschichtliche Zeugnisse, die auf einem sogenannten archäologischen Lehrpfad innerhalb einer Stunde zu erlaufen und zu besichtigen sind. Einige Grabanlagen bieten die Möglichkeit, das Procedere der Archäologie zu verfolgen, da an ihnen wissenschaftliche Untersuchungen vorgenommen werden. Die sogenannte Nordgruppe zählt zehn Dolmen, die Südgruppe, die unmittelbar neben der 105 gelegen ist, besteht aus drei Dolmen und zwei Ganggräbern, darunter eines von 40 Metern Länge. Zwischen den Stätten liegt ein Hügelgrab, der sogenannte *Goldberg,* aus der Bronzezeit. In seiner Nähe steht einer der wenigen gut erhaltenen SÜHNESTEINE des Mittelalters, eine Kalksteinstele für den 1391 ermordeten Ludeke Mozellenburch. Auf Vorder- und Rückseite ist je ein Flachrelief mit einer Kreuzigung und einem Beter über einer Inschrift eingeschlagen. Gewaltverbrecher wurden im Mittelalter verpflichtet, am Ort des Geschehens einen Sühnestein mit Angabe von Opfer, Täter und Art der Missetat zu errichten.

Schloß Plüschow

Südlich der 105, südöstlich von Grevesmühlen

Das BAROCKSCHLOSS PLÜSCHOW ließ der Hamburger Kauf-

Ein Ganggrab im Everstorfer Forst – eine der Megalithstätten, die einen Besuch dort sehr lohnenswert machen.
Das stattliche Barockschloß Plüschow (unten) wird in Zukunft Kunst- und Kulturzentrum mit Einrichtungen für Künstler und Ausstellungen.

mann Philipp Heinrich Stenglin 1763 als schlichten zweigeschossigen Backsteinbau mit Mansardendach errichten. Dreiachsige Giebel über Stichbogenportalen mit Pilasterrahmen betonen an Hof- und Gartenseite die Mitte des Gebäudes. Ein Verandaanbau an der Rückseite stammt vom Ende des 19. Jahrhunderts. Im Innern haben sich das großzügige zweiläufige Treppenhaus, die Raumaufteilung und reiche *Rokoko-Stuckdecken* erhalten; im Keller haben die flachen Kreuzgratgewölbe, im Obergeschoß drei *klassizistische Öfen* die Zeiten überdauert. Nach 1945 wohnten hier Flüchtlinge, später wurde das Schloß als Betriebsküche, Kindergarten, Gaststätte und Verwaltungsort genutzt und entsprechend verwohnt. Seit 1983 bemühen sich der Maler Udo Rathke und seine Frau Miro Zahra um den Erhalt des Schlosses. 1988 begannen Sanierungsarbeiten.
In Zukunft wird Schloß Plüschow Kunst- und Kulturzentrum mit Ausstellungsveranstaltungen und angeschlossenem Künstlerhaus werden, eine Konstruktion, die als Pilotprojekt 1988 positive Reaktion fand. Seit 1990 existiert der Förderkreis Kunst auf Schloß Plüschow e. V. Er ist Träger des Schlosses im Sinne eines mecklenburgischen Künstlerhauses.

Hoben

an der Wismarbucht als nordwestlicher Stadtteil von Wismar

Hoben ist ein EHEMALIGES FISCHERDORF, das heute in Wismar eingemeindet ist. Es liegt unmittelbar an der Wismarbucht und besteht aus zwölf Höfen, deren Wohnhäuser *niederdeutsche Hallenhäuser* des 18. und 19. Jahrhunderts mit abgewalmten Rohrdächern und Einschnitt für die Dieleneinfahrt sind. Von den alten Fachwerkwänden ist kaum etwas erhalten.
Die GALERIE „SEEZEICHEN“ veranstaltet Ausstellungen

Wismar

an der Wismarbucht und der Kreuzung von 105 und 192

Wismar ist erstmalig 1229 urkundlich erwähnt. Die Gründung erfolgte vermutlich von Lübeck aus mit slawischer Unterstützung durch Fürst Heinrich Borwin I. Im Stadtkern an der Durchgangsstraße Lübeck-Rostock wurde ein riesiger Markt mit Rathaus angelegt. Wismar nahm einen raschen Aufstieg und hatte bereits um die Mitte des 13. Jahrhunderts den heutigen Stadtumfang erreicht: ein Oval mit gitterförmigem Straßennetz und drei großen Kirchen (für 5.000 Einwohner).

Es erhielt Ende des 13. Jahrhunderts eine Befestigung mit Mauer, fünf Toren und 30 Wiekhäusern und trat 1358 der Hanse bei. Im 14. und 15. Jahrhundert profitierte die Stadt von der günstigen Lage an der geschützten Ostseebucht und dem Schnittpunkt alter Handelswege, außerdem durch den Handel mit Bier und gewebten Wollartikeln. „Wismarer Mumme“, das einheimische Bier, war ein begehrter Exportartikel, den 182 Brauereien erzeugten. Nach dem landesweiten Niedergang der Wirtschaft im Dreißigjährigen Krieg, in dessen Gefolge nicht nur Ruin und Zerstörung, sondern auch die Pest die Stadt heimsuchten, kam Wismar 1648–1803 unter schwedische Herrschaft und wurde um 1680 mit Bastionen zur stärksten Festung Nordeuropas ausgebaut. Im 18. und 19. Jahrhundert schleifte man die Anlagen nach und nach. 1803 verpfändete Schweden die Stadt an Mecklenburg, erst 1903 erfolgte der förmliche Verzicht. Vom Zweiten Weltkrieg wurden die Altstadt und die großen Kirchen St. Georgen und St. Marien schwer betroffen. Die „Alte Schule“, ein bedeutender Profanbau des 15. Jahrhunderts, wurde ganz zerstört.

Der Wiederaufbau nach 1945 bevorzugte die Stadthäuser

In Wismar steht in Hafennähe das alte Wassertor. Hier wurde früher Markt abgehalten. Im Hintergrund liegt die heute schwer beschädigte Georgenkirche mit ihrem niedrigen Westturm.

und sogar diese nur zum Teil. Ein neuer wirtschaftlicher Aufschwung ergab sich mit dem Ausbau der Mathias-Thesen-Werft (heute Meerestechnik Wismar Schiffswerft), des Überseehafens und dem Neubau von Wohnvierteln in Wendorf an der Wismarbucht und an der Peripherie der Stadt.

Es ist in Wismar noch viel zu tun: Die Wiederherstellung der Georgenkirche nach über vier Jahrzehnten Ruinenexistenz, die Fortführung der Altstadtsanierung ... Leider hat auch der alte Hafen von Wismar, einst ein weiterer Anziehungspunkt, von dem man einen schönen Blick auf die Stadt mit ihren Kirchen und Dächern hat, viel von seiner Atmosphäre eingebüßt. Das Stadtbild als solches ist lebendig und vermittelt einen guten Eindruck des ehemaligen Glanzes.

Von der EHEMALIGEN STADTBEFESTIGUNG ist nur noch das *Wassertor* aus der Mitte des 15. Jahrhunderts erhalten, ein spätgotischer, stadtseitig reich mit Staffelgiebeln, Blenden und offenen Spitzbögen geschmückter Bau. Feldseitig ist er mit schlichterem Dreiecksgiebel versehen. Außerdem existiert noch der sogenannte *Wasserturm,* ein Turm der Stadtmauer aus dem 15. Jahrhundert.

Die MARIENKIRCHE, die aus dem 13. und 14. Jahrhundert stammt und Pfarrkirche der Marktstadt war, blieb nach der Zerstörung von 1945 als hoher Backsteinturm mit Nebenhallen stehen. Die Ruine des Schiffs wurde 1960 abgetragen. Sie war eine Backsteinbasilika ohne Querschiff nach dem Vorbild der Lübecker Marienkirche mit Chorumgang und Kapellenkranz bei polygonalem Chorschluß. Der gewaltige Turm, der seit jeher Wahrzeichen der Stadt und Orientierungspunkt der einkommenden Schiffe gewesen ist, steigt zu einer Höhe von 80 Metern an.

Über frühgotischem Unterbau erheben sich drei durch Gesimse getrennte Geschosse aus dem 15. Jahrhundert mit je zwei unterteilten Spitzbogenfenstern. Helle Kalksteine betonen die Kanten, im Wechsel mit Backsteinen aufgemauert. Sehr dekorativ sind die vier Giebel des Turms, in denen Back- und Glasursteine ein teppichartiges Muster bilden.

Stadtansicht von Wismar, aus: Georg Braun, Civitates Orbis Terrarum, Teil V, Orbium Praecipuarum Mundi; erschienen: 1597 oder später.

MARIA
S. Maria
S. Jurgen
Der Heiliger Geist
Schwartz Closter
Meckelburger Thor

Die GEORGENKIRCHE war die Pfarrkirrche der Neustadt, eine mächtige dreischiffige Backstein-Basilika mit dreijochigem, flach geschlossenem Chor, die anstelle eines Vorgängerbaus 1404 begonnen wurde. Nach Unterbrechungen wurde 1497 mit der Vollendung der Querschiffarme und Wölbung der äußeren Joche durch reiche Sterngewölbe ein Abschluß gefunden. Ende des 16. Jahrhunderts erfolgte die vorläufige Überdachung des Westturms, der niemals vollendet wurde und nur die Höhe des Mittelschiffs erreichte. Die Kirche war kreuzförmig mit ausladendem Querschiff angelegt und von beträchtlicher Höhe. Die Wirkung des Baus mit dem schmalen, sehr hohen Mittelschiff, den breiten Seitenschiffen mit anschließenden Kapellen und hohen gepaarten Spitzbogenfenstern war gewaltig. Optisch dominierte das Querschiff mit durchgehendem Dach und Fassaden in Nord und Süd, die von steilen Achtecktürmchen flankiert waren. Über dem Portal erhob sich ein sechsteiliges Fenster, darüber im Giebel großformatige Blendenrosetten und Friese. Eine ausgiebige Verwendung von glasierten Ziegeln und Formziegeln mit Löwen-, Drachen- und menschlichen Köpfen belebte die reiche Außenwirkung.

Auch St. Georg erlitt im Zweiten Weltkrieg schwere Beschädigung: Die Kirche brannte aus, die Gewölbe stürzten bis auf einige im Chor ein. Mit Hilfe der Stiftung Deutscher Denkmalschutz wird jetzt zügig wiederaufgebaut. Die wertvollsten Ausstattungsstücke blieben erhalten, sie sind heute auf die Nikolai- und Heiligen-Geist-Kirche verteilt, der sogenannte Passionsaltar wurde in die Neue Kirche überführt.

Die NIKOLAIKIRCHE, dem Schutzpatron der Fischer und Seeleute geweiht, ist die einzige intakte Hauptkirche Wismars. Sie ist eine dreischiffige Backstein-Basilika mit Umgangschor mit 5/8-Schluß, Kapellenkranz und Strebewerk. Die Strebebögen am Hochschiff sind offen, an der Wand sind sie abgetreppt. Die Kirche orientierte sich als Monumentalbau an dem Vorbild der Marienkirche in Wismar, wurde 1381 mit dem Chor anstelle eines Vorgängerbaus begonnen und 1459

Die Ansicht der Hafenkante von Wismar hat viel von ihrem ehemaligen Reiz eingebüßt. Der Turm der Marienkirche überragt noch immer als Wahrzeichen und Orientierungsmerkmal für die einkommenden Schiffe die Stadt. Ihr 1945 schwer zerstörtes Schiff wurde 1960 abgerissen.

im Langhaus vollendet. Mit Ausnahme der Chorkapellen ist sie kreuzrippengewölbt und von enormer Höhenstreckung: Das Mittelschiff mißt 37 Meter. 1508 war auch der Turm vollendet, der durch Vorziehen der Seitenschiffe ins Langhaus einbezogen ist. Seine beiden Obergeschosse sind durch schlanke Spitzbogenfenster gegliedert, der derzeitige Abschluß ist ein quergestelltes Satteldach.

Rautenförmige Blenden mit Maßwerkrosetten schmücken beide Giebel. Von den sieben Portalen ist das der Südseitenhalle durch besonders reiche Profilierung und Formziegelbänder mit Drachen und Panthern herausragend. Der Giebel darüber wirkt reich und eigenwillig; Lilienfriese wechseln mit glasierten Figürchen, bekrönt von einer großen Rosette vor weißem Putzgrund. Am vierten und fünften Joch erweitern sich die Seitenschiffkapellen um je ein Joch zu einer quadratischen querschiffartigen Seitenhalle mit Mittelpfeiler. Chor und Schiff sind nicht voneinander geschieden; die Chorkapellen besitzen sechsteilige Gewölbe. Die Pfeiler münden in Gurtgesimse, die nur von den Gewölbediensten überschnitten sind. Durch Herabziehen der Fenster als Blenden wird der Obergaden den Pfeilern proportional angeschlossen.

In den seitlichen Turmhallen und den Südkapellen finden sich über zehn Meter hohe spätgotische *Wandmalereien* mit Motiven vom Stamm Jesse, dem Schmerzensmann mit allegorischer Darstellung der sieben Todsünden und dem hl. Christophorus. 1703 riß ein Unwetter den spätgotischen Helm vom Turm, er fiel auf das Langhausdach und zerstörte große Teile der gotischen Einrichtung. Die Neuausstattung war barock. Der breite *Hauptaltar* entstand 1772. Er besitzt einen zweigeschossigen architektonischen Aufbau mit Durchgängen. Im Mittelteil befindet sich eine Kopie der Rubensschen Kreuzabnahme von Benjamin Block. Christus mit der Siegesfahne bekrönt den Altar. Auch die *Kanzel* ist barock; sie entstand 1708. Besonders prächtig ist der Schalldeckel, der eine Strebenkrone bildet und in einer großen, von Putten umschwebten Blüte endet.

Die Nikolaikirche ist die einzige erhaltene Hauptkirche Wismars. Sie liegt am Stadtgraben, der Teil des ehemaligen Wallensteingrabens war. Der Feldsteinkanal stammt aus dem 13. Jahrhundert und wird wieder instandgesetzt.

In der vierten nördlichen Seitenkapelle steht der spätgotische geschnitzte sogenannte *Schifferaltar,* der eine Mondsichelmadonna im Schrein zwischen Jakobus major und Nikolaus darstellt. Auf den Flügeln weist er acht Heilige in zwei Reihen auf, auf den Außenflügeln unvollständige gemalte Szenen aus dem Marienleben.

Die anderen Schnitzaltäre sind mit weiteren wertvollen Ausstattungsstücken aus den zerstörten Kirchen übernommen worden: Der sogenannte *Krämeraltar* aus der Marienkirche ist in der südlichen Seitenhalle aufgestellt. Es handelt sich um eine elegante Arbeit des 15. Jahrhunderts im späten weichen Stil: Im Mittelschrein steht die Madonna im Strahlenkranz vor musizierenden Engeln, begleitet von den hll. Michael und Mauritius unter feinen Maßwerkbaldachinen. Auf den Flügeln sind vier Szenen des Marienlebens geschildert.

Aus St. Georg kam der vorzügliche *ehemalige Hochaltar* von 1430, mit 9,40 Meter Breite einer der größten spätgotischen Schreinaltäre der Ostseeküste. Er wurde am Ende des Nordschiffes aufgestellt. Er birgt im Mittelteil eine Marienkrönung unter reichen Baldachinen, darunter drei kleine Figürchen, die Stifter und Propheten darstellen. Daneben, in zwei Reihen auf die Innenflügel übergreifend, Apostel und Heilige. Die gedrungenen Figuren sind in reiche Gewänder gekleidet, die den schönen Faltenfluß des weichen Stils aufweisen. Leider sind die gemalten Altarseiten beschädigt, sie zeigen nach der ersten Wandlung 16 Szenen aus Jugend und Passion Christi sowie aus der Legende der hll. Martin und Georg in der zarten und eleganten Art des Meister Francke.

Zwei weitere Teile von Flügelaltären des 15. Jahrhunderts aus der Georgenkirche wurden hier aufgestellt. Zur Dominikanerkirche gehörte ursprünglich der sogenannte *Thomasaltar,* der ebenfalls in der Georgenkirche aufgestellt war und jetzt nach St. Nikolai verbracht ist. Im Schrein steht Thomas von Aquin zwischen dem Apostel Thomas und Thomas von Canterbury; auf den Innenflügeln sind vier Szenen aus dem

Ein Großteil des Inventars der beiden anderen zerstörten Hauptkirchen wurde in der erhaltenen Nikolaikirche untergebracht. So auch der spätgotische elegante Krämeraltar, der im weichen Stil der Gotik ausgeführt ist und in der südlichen Seitenhalle steht. Er stammt aus der Marienkirche.

Leben des Thomas von Aquin dargestellt, zwei weitere in der Predella. Die Malseite der ersten Wandlung zeigt Szenen aus dem Leben des Apostels und des Erzbischofs von Canterbury, die durch Blattornamentstreifen getrennt sind. Der geschlossene Altar weist vier Darstellungen aus dem Leben des Thomas von Aquin auf.

Die *große Triumphkreuzgruppe* aus dem 15. Jahrhundert, die auf der Schranke im Mittelschiff postiert ist, war ebenfalls in der Dominikanerkirche beheimatet. Eine weitere mit den Doppelfiguren der Maria und des Johannes von 1420 stammt aus der Georgenkirche.

In einen Pfeiler der 2. Nordkapelle ist ein *gotisches Schnitzrelief* eingelassen, das eine Anbetung der Könige zeigt. Mehrere Taufen gehören zu dem wertvollen Inventar: ein schlichter *Taufstein* des 13. Jahrhunderts und ein holzgeschnitzter *Taufbaldachin* von 1719 als Rundbau mit sechs korinthischen Säulen über einer Brüstung, die die blumenartig aufsteigende Bekrönung tragen. Auf dem Hauptgesims stehen allegorische Frauenfiguren, in der Mitte hängt der Taufengel.

Aus der Marienkirche stammt die *Bronzetaufe,* ein reicher Erzguß von 1335, vermutlich von Johann Apengeter aus Lübeck. Der Kessel wird von knienden Männern getragen und zeigt in zwei Reihen figürliche Reliefs unter zarter Arkatur: das Leben Christi, das Jüngste Gericht und die Klugen und Törichten Jungfrauen. Er ist von einem schmiedeeisernen Gitter aus dem Ende des 16. Jahrhunderts, dem sogenannten Teufelsgitter, umgeben.

Auch eine *Bronzetaufe aus der Georgenkirche* aus dem 16. Jahrhundert findet sich hier: ein runder Kessel mit Löwenmasken, getragen von vier Löwen. Von dem hölzernen Aufsatz haben sich nur Fragmente erhalten.

Hervorzuheben ist die *Bronzegrabplatte* der 1504 verstorbenen Herzogin Sophie von Mecklenburg aus der Dominikanerkirche. Zum Inventar gehörten auch das *Epitaph* für Hinrich Schabbelius von 1605 und zahlreiche *Grabsteine,* meist in Ritztechnik. Aus der Marienkirche wurden die

Aus der Dominikanerkirche stammt der Thomasaltar, der heute in der Nikolaikirche steht. Er ist ein Wandelaltar, der in geschlossenem Zustand auf den Malseiten vier Szenen aus dem Leben des Thomas von Aquin zeigt. In der Predella sind in geschnitzter Form zwei weitere Szenen abgebildet.

Holzfiguren des Generals H. Wrangel und seiner Gattin übernommen, Reste ihres 1647 errichteten Tumbengrabes. Reich dekorierte Teile von mittelalterlichem *Gestühl,* figürliche *Plastik, Gemälde* und vieles andere mehr bilden den unerhörten Fundus des Inventars.

Die letzte große Restaurierung fand 1880 statt. Bis auf Wasserschäden im Gewölbe macht die Kirche einen guten Eindruck.

Die HEILIGGEIST-SPITALKIRCHE in der Lübschen Straße ist ein einschiffiger schlichter Backsteinbau des 14. Jahrhunderts, dessen Äußeres im 17. Jahrhundert durch plumpe Strebepfeiler verunstaltet wurde. Sie bildet mit dem ehemaligen Hospitalhaus aus dem 15. Jahrhundert und zwei Kapellen aus dem 17. Jahrhundert ein malerisches Ensemble um einen Hof. Als bedeutend erweist sich das Innere: Die flache *Holzdecke* ist mit barocken Medaillons von 1687 bemalt, die zwischen Rankenwerk Bilder aus dem Alten Testament zeigen.

An den Längswänden finden sich Reste *mittelalterlicher Malereien,* die in den 70iger Jahren bei einer Renovierung freigelegt wurden, darunter ein magisches Buchstabenfeld und eine Abbildung von drei toten und drei lebenden Königen.

Der *Hochaltar* ist ein Unikum: ein gemalter Flügelaltar des 17. Jahrhunderts unter Verwendung eines mittelalterlichen Schreins. Die schlichte hölzerne *Kanzel* von 1585 zeigt Malerei in Nischenarchitektur. Neben der Kanzel hängt ein großes *Kruzifix* des 15. Jahrhunderts. Von Interesse sind die beiden spätgotischen hölzernen *Stableuchter,* in deren Abschluß eine Madonna im Strahlenkranz unter sechseckigem Baldachin erscheint. Bemerkenswert ist auch das *Tafelbild* mit Kriegsschiff und der Silhouette Wismars im Hintergrund aus dem 17. Jahrhundert, außerdem die zahlreichen Wangen des alten *Gestühls* mit Flachschnitzereien, Wappen, Hausmarken etc. aus dem 16. Jahrhundert. Eine Bank birgt zwischen zwei Wangen ein gemaltes *Schiffsbild.*

Auch hier sind ausgelagerte Kunstwerke der zerstörten Kirchen untergebracht: ein *Fenster* aus der Marienkirche mit gotischer Glasmalerei vom Anfang des 15. Jahrhunderts zum Leben Christi im Stil Meister Bertrams. In der westlichen Seitenkapelle steht ein *vierflügeliger Schnitzaltar* vom Anfang des 16. Jahrhunderts aus der Georgenkirche, der im Schrein eine Madonna im Strahlenkranz mit St. Martin und St. Georg, auf den Innenflügeln zwölf Heilige enthält; in der ersten Wandlung werden acht gemalte Szenen aus dem Marienleben sichtbar. Die Malerei der Außenseite ist zerstört. Ein anderer *Schnitzaltar aus der Georgenkirche* birgt im Schrein Anna Selbdritt zwischen den hll. Martin und Georg, in den Flügeln acht Heilige, auf den Außenseiten Georg und Martin in dezimierter Malerei. Außerdem wird hier eine *Anbetung der Könige* aus dem kriegszerstörten Dreikönigsaltar des 15. Jahrhunderts aus der Georgenkirche bewahrt.

Von dem 1292 gegründeten DOMINIKANER-KLOSTER blieb nur der von Martin Kremser erbaute, 1397 geweihte Kirchenchor erhalten, er dient heute als Aula der Goethe-Oberschule.

Die NEUE KIRCHE ist mehr als nur ein Notbehelf. 1950/51 nach einem Entwurf von Otto Bartning aus Trümmerziegeln der Marienkirche in deren Nähe errichtet, zeigt sie sich als schlichter Rechteckbau mit polygonalem Schluß und schmalem Fensterband unter der Traufe. Hierher gelangte der sogenannte *Passionsaltar* aus der Georgenkirche, ein schöner, um 1410 gemalter Flügelaltar aus der Werkstatt des Meisters des Tempziner Altars. In figurenreicher, bewegter, gotischüberlängter Manier ist die Kreuzigung im Mittelteil dargestellt, umgeben von acht Passionsszenen auf Goldgrund. Gemalte Leisten mit stilisierten Blättern, Engeln und Propheten trennen die Felder. Die Malereien der Flügelaußenseiten sind ebenso verloren wie der geschnitzte Rahmen mit Rankenwerk.

Eine Besonderheit Wismars ist der FÜRSTENHOF, die ehemalige Stadtresidenz der mecklenburgischen Herzöge. Auf schmalem Grund neben der gewaltigen Georgen-Kirche erbaut, ist er ein bemerkenswertes und sehr bedeutendes Beispiel für Frührenaissancearchitektur im Küstenbereich. Während der Schwedenzeit logierte hier das Schwedische Tribunal. Heute dient er als Stadtarchiv und Kreisgericht und besteht aus zwei stumpfwinklig aneinanderstoßenden unterschiedlichen Flügeln: das *Alte Haus* wurde 1512–1513 erbaut, im 19. Jahrhundert verändert und 1934 rekonstruiert. Obwohl es im Innern verändert ist, haben sich die spätgotischen Kreuzgewölbe im Erdgeschoß und die Vorhangbogenfenster erhalten.

Das *Neue Haus* entstand 1553–1555 nach Vorbildern der oberitalienischen Renaissance, konzipiert von Gabriel von Aken und Valentin von Lyra. Ursprünglich vorhandene Dachgiebel wurden schon 1574 abgebrochen. Das dreigeschossige Bauwerk ist horizontal durch breite Friese gegliedert und hofseitig mittels Pilastern in sieben Achsen unterteilt. In jeder befindet sich ein dreiteiliges Fenster, das an der Stadtfront reiches Rahmenwerk und flache Giebel aufweist. Die beiden rundbogigen Hauptportale besitzen Kalkstein-Gewändefiguren und -reliefs. Auch der untere Fries ist in Kalkstein gehauen. Stadtseitig ist der trojanische Krieg dargestellt, an der Hofseite die Geschichte des Verlorenen Sohns. Der obere Fries besteht aus reichgeschmückten Terrakotten aus der Lübecker Werkstatt des Statius von Düren. Am Ostende der Hoffront befindet sich ein quadratischer Treppenturm, der die Horizontalgliederung aufnimmt und weiterführt. Die entzückenden plastischen Portal- und Fensterrahmungen mit Grotesken und die figurenreichen Relieffriese der Geschoßgliederungen wirkten als Vorbild über die Landesgrenzen hinaus. Der Fürstenhof ist durch mehrere Restaurierungen (1877 verändernd, zuletzt 1951–1952) in gutem Zustand.

Das Stadtbild wird beherrscht von dem gewaltigen quadratischen MARKTPLATZ mit den Abmessungen 100 x 100 Meter. Dieser Platz ist einer der größten an der Ostseeküste und Ausdruck bürgerlichen Selbstbewußtseins. An seiner Nord-

Wismars Markt ist mit seinen einmaligen Abmessungen von 100 × 100 Metern einer der größten Marktplätze der Ostseeküste. Er zeugt von bürgerlich-hansischem Selbstverständnis. Die „Wasserkunst", ein Renaissancebrunnenbau, diente als Speicher für die Stadt und Verteiler für die anderen Brunnen der Gemeinde.

seite liegt das *Rathaus,* ein klassizistisches Gebäude, das Johann Georg Barca 1817–1819 unter Berücksichtigung mittelalterlicher Bauteile errichtete. Es ist zweigeschossig mit Mezzaningeschoß und besitzt 13 Achsen mit je einem zweiachsigen Seitenflügel. Auch hier wird renoviert.

Auf dem Platz selbst fällt die sogenannte *Wasserkunst* ins Auge, ein 1580–1602 von Philipp Brandin konzipierter zwölfeckiger Renaissance-Bau in Kalkstein und Schmiedeeisen, der bis 1897 als Speicher diente und die Stadt mit Quellwasser versorgte. Ein „Kunstmeister" war für die Verteilung des Wassers auf andere Brunnen zuständig. Hermenpilaster tragen eine geschwungene Kupferhaube mit Laterne. Ehemals befand sich darunter ein Röhrenbrunnen. Die jetzige Gestaltung nahm Heinrich Thormann 1861 vor. Die Wasserkunst wird zur Zeit renoviert.

Östlich der Marienkirche steht das ARCHIDIAKONAT (Pfarramt, Marienkirchhof 3, Ecke Sargmacherstraße), ein zierlicher spätgotischer Backsteinbau des 15. Jahrhunderts mit Staffelgiebel und Maßwerkblenden, der ebenfalls schwer beschädigt, im Jahre 1960 jedoch wieder aufgebaut wurde. (Störend wirkt allein die auffällige Regenrinne.) Er ist eine Nachbildung der zerstörten Alten Schule, besitzt im Erdgeschoß Stichbogenfenster, darüber einen Dreipaßfries, einen Staffelgiebel mit Maßwerkblenden und Zinnen bei reichem Einsatz von Glasurziegeln.

An der Ostseite des Markts steht der sogenannte ALTE SCHWEDE, das älteste erhaltene spätgotische Bürgerhaus der Stadt, das um 1380 mit Treppengiebel, Spitzbogenportal und reicher Detailgliederung, auch mit glasierten Ziegeln, erbaut wurde. Es ist entsprechend der Aufteilung der Bürgerhäuser in den anderen Ostsee-Küstenstädten in einen unteren Wohnteil und einen Speicher hinter dem Giebel aufgeteilt. Seit dem vorigen Jahrhundert beherbergt es eine historisch nachgebaute Gaststätte, die an die Schwedenzeit Wismars erinnert, als der oberste schwedische Beamte hier untergebracht war.

Das älteste erhaltene Bürgerhaus Wismars ist der sogenannte „Alte Schwede“ mit spätgotischem Treppengiebel und reich detaillierter Fassade.

In der Altstadt zeigen zahlreiche weitere BAUTEN DIE TYPISCHEN STILCHARAKTERISTIKA DES 16., 17. UND 18. JAHRHUNDERTS, u. a. in der *Krämerstraße,* der *Lübschen Straße,* der *Großen Hohestraße* und dem *Spiegelberg.* Trotz der langjährigen Vernachlässigung finden sich viele ausdrucksvolle Fassaden und so manches Gebäude wurde in den letzten Jahren restauriert.

Das STADTGESCHICHTLICHE MUSEUM (Schweinsbrücke 8, Tel. 23 50; Telefon nur bis 16 Uhr, danach Privatanschluß; Okt.–April, Di–Sa 10–16 Uhr; Mai–Sept., Di–So 10–18 Uhr) ist in dem sogenannten *Schabbellhaus* untergebracht, dem Wohn- und Brauhaus des reichen Bierfabrikanten Hinrich Schabbell. Es wurde von 1569–1571 im Stil der niederländischen Renaissance mit prächtigem Volutengiebel für den Ratsherrn und späteren Bürgermeister errichtet. Hier werden die Sammlungen zu Ur- und Frühgeschichte, zu der bewegten Stadtgeschichte und der Wismarer Seefahrt gezeigt. Die Sammlung des bereits 1863 durch Dr. Crull gegründeten *Museums für Kunst und Altertum* ist mit ihren wertvollen Kunstwerken des Mittelalters integriert. Darunter befinden sich seltene Hansekannen, die bekannten Schwedenköpfe, Portraitskulpturen aus der Schwedenzeit und einige besonders grausame Zeugnisse mittelalterlicher Gerichtsbarkeit: die abgehackten und mumifizierten Hände von Verurteilten. Außerdem finden sich Exponate der Volkskunde und Gemälde des 17.–19. Jahrhunderts in dem vielseitigen Museum. Regelmäßig werden hier auch Sonderausstellungen gezeigt.

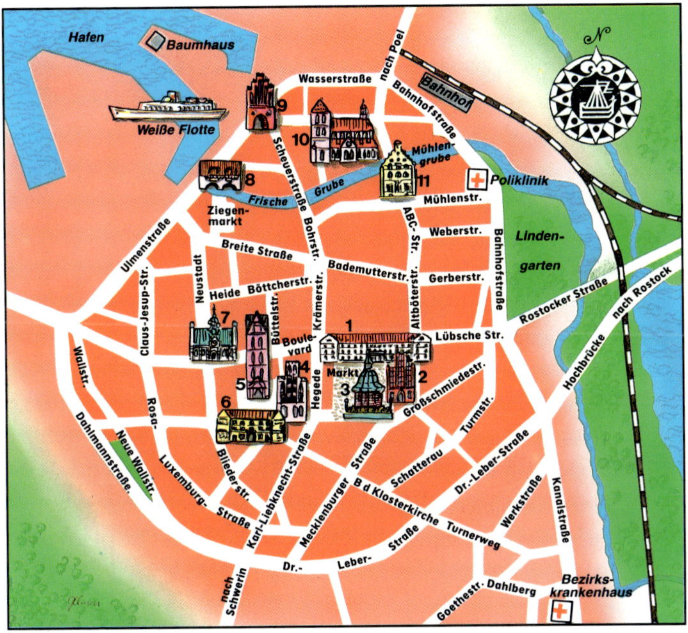

1 Rathaus, **2** Ältestes Backstein-Bürgerhaus, **3** Wasserkunst, **4** Archidiakonat, **5** St. Marien, **6** Fürstenhof, **7** Heiligen-Geist-Kirche, **8** Grube, **9** Wassertor, **10** St. Nikolai, **11** Schabbell-haus

Zwischen Schönberg, dem Schweriner See und der Insel Poel

Dorf Mecklenburg
südlich von Wismar an der 106
Südlich des Dorfes Mecklenburg liegt ein hoher slawischer RINGWALL einer bis ins 15. Jahrhundert benutzten bedeutenden Burg der Obotriten, der das Land seinen Namen verdankt. Die Burg wurde schon 967, danach in einer Urkunde Kaiser Ottos III. von 995 als „castrum michelenburg" erwähnt. Der übriggebliebene Wall ist zehn bis zwölf Meter hoch, und heute ist darin ein Friedhof integriert.
Die DORFKIRCHE entstand in mehreren Phasen zwischen dem 13. bis 17. Jahrhundert. Sie besitzt ein spätgotisches Schiff mit dreiseitigem Ostschluß. Im Innern befindet sich eine bemalte Kassettendecke, die im Chor tiefer gezogen ist und an der Brüstung Christus mit den Klugen und Törichten Jungfrauen, im Turm Engel und Ranken zeigt.
An die Schiffsnordwand wurde im 15. Jahrhundert eine *Kreuzigungsgruppe* gemalt. Die Holz-Ausstattung stammt aus dem 17. Jahrhundert und ist eine der bedeutendsten in Mecklenburg: Der reichdekorierte *Altar* weist in vielfigurigen Kleinreliefs Szenen des Neuen Testaments auf. Die ebenso reichgeschmückte *Kanzel,* die hölzerne *Taufe* wie auch der *Triumphbalken* mit der Kreuzigungsgruppe von 1633 zählen dazu. Außerdem komplettieren Reste verschiedener *Herrschaftsemporen,* ein *Steinrelief* mit dem auferstandenen Christus von 1623 und mehrere *Grabsteine* das wertvolle Interieur.
Auf dem Schulgelände steht eine vierteilige PLASTIK von Wieland Schmiedel aus dem Jahr 1973, eine sinnbildliche Auseinandersetzung mit den Ideen von Karl Liebknecht.

Die Dorfkirche in Dorf Mecklenburg birgt eine der bedeutendsten Holz-Ausstattungen des 17. Jahrhunderts in Mecklenburg. Das kleine Bild mit Altar und Kanzel vermittelt eine Vorstellung des reichen Interieurs.

Boltenhagen-
bucht
Brook
Warnkenhagen
Elmenhorst
Redewisch
Groß
Schwansee
Hohen
Schönberg
Ostseebad
Boltenhagen
Hermannshöhe
Kalkhorst
Klütz
Tarnewitz
Travemünde
Harkensee
Goldbeck
Pötenitz
Dönkendorf
Wohlenb
Stellshagen
Rankendorf
Wohlenberg
Wieschendorf
Welzin
Wilmstorf
Damshagen
Volkstorf
Grevenstein
Großen-
hof
Dassow
Parin
Roggens-
torf
Teschow
Dassower
See
Holm
Thorstorf
E22
Moor
Rolofs-
hagen
Groß
Tramm
Mallentin
Gostorf
Zarnewenz
Stepenitz
105
Selmsdorf
Grevesmü
Maurine
Papen-
husen
Blüssen
Börzow
Lock-
wisch
Meier
Schönberg
Grieben
Wotenitz
Petersberg
104
Bernstorf
Radegast
Groß Siemz
Roduchelstorf
Upahl
Jeese
Niendorf
Boien
Torisdorf
Sievershagen
Löwitz
Vitense
Parber
Hanshagen
Lindöw
Othenstorf
Rüting
Raddingsdorf
Brützkow
Rehna
Kasendorf
Rieps
Pogez
Groß
Rünz
Bülow
Wedendorf
Mühlen-
Eichsen
Stove
Köchelstorf
Carlow
Warnekow
Groß
Molzahn
Klocks-
dorf
Demern
Goddin
Buchholz
Röggeliner
See
Holdorf
Schönfeld
Schlags-
dorf
Paetrow
104
Passow
Breesen
Dechow
208
Vietlübbe
Dragun
Lankower
See
Möllin
Hellberg
Gadebusch
Drieb
208
Neu
Thurow
Bendhof
Goldensee
Roggen-
dorf
Ganzow
Mustin
Niendorfer
Binnen-
see
Groß
Salitz
Brüsewitz
Radegast
Kittlitz
Neuen-
dorf
Kneese
Krembz
Lützow
Dargow
Pokrent
Gottesgabe
Alt
Steinbeck
Bresahn
Neu
Steinbeck
Renzow
Schaal-
see
Stöllnitz
Seedorf
Rögnitz
Badow
Groß
Welzin
Groß Zecher

Kaltenhof
Boiensdorf
Questin
Krempin
Karin
Poel
Kirchdorf
Stove
Blowatz
Teschow
Ravensberg
Danneborth
Wangern
Breitling
Robertsdorf
Neu Teschow
Nantrow
Kamin
Lischow
Madsow
Alt Farpen
Neu Farpen
Mulsow
Passee
Krusenhagen
Kartlow
Neuburg-Steinhausen
Wakendorf
Zierow
Redentin Dorf
Müggenburg
E22
Züsow
Poischendorf
Gamehl
Glasin
Gägelow
Hornstorf
Benz
Tollow
Groß Tessin
105
Goldebee
Babst
Wismar
Rüggow
Nevern
Groß Woltersdorf
Dargetzow
Krassow
Perniek
Rügkamp
Neukloster
Triwalk
Levetzow
Steffin
Barnekow
Lübow
Zurow
Lübberstorf
Metelsdorf
Dorf Mecklenburg
Reinstorf
Neuklostersee
Glambeck
192
Maßlow
Pennewitt
Beidendorf
Rambow
Büschow
Moltow
Schimm
Mankmoos
Moidentin
208
Groß Stieten
Neu Viecheln
Warin
Klein Labenz
Rastorf
Jesendorf
Hohen Viecheln
Niendorf
Bibow
106
Bad Kleinen
Neuhof
Penzin
Zickhusen
Flessenow
Rubow
Alt Meteln
Klein Jarchow
Jarchow
Häven
Thurow
Brüel
Retgendorf
Keezer See
Lübstorf
Wiligrad
Sülten
Kuhlen
Keez
Schweriner See
Liessow
104
Golchen
Weitendorf
Kleefeld
Kaarz
Cambs
Kirch Stück
Schönlage
Rampe
Lambusel See
Müsselmow
Jülchendorf
Langen Brütz
Kritzow
Wendorf
Leezen
Weberin
Venzkow
Gneven
Demen
Schwerin
Godern
Kobande
Warnow
Raben Steinfeld
Gädebehn
Barniner See

Das AGRARMUSEUM (Tel. 3532, April–Okt., täglich 10–16 Uhr; Nov.–März, Mo–Fr 10–16 Uhr), die „Traditionsstätte der Landwirtschaft" ist eine Gründung von 1975, die die letzten 100 Jahre der Entwicklung auf dem Land mit landwirtschaftlichen Geräten und Objekten aus dem Bereich des täglichen Lebens dokumentiert. Die Geräte- und Maschinensammlung dürfte eine Menge technisch interessierter Besucher begeistern.

Hohen Viecheln

Am Nordende des Schweriner Sees, östlich der 106

Die mächtige, wenn auch turmlose DORFKIRCHE von Hohen Viecheln liegt auf einer Anhöhe am Nordende des Schweriner Sees. Von außen wirkt sie – mit abgetreppten Strebepfeilern und Kleeblattfries versehen – eher schlicht. Ungewöhnlich wie die Dimension ist auch die Architektur des 1300 begonnenen Baus: Sie erweist sich als dreischiffige Hallenkirche mit drei schmalen, aber gleich breiten Schiffen; die Raumwirkung ist ebenso überraschend wie einheitlich. Die Kreuzrippengewölbe ruhen auf Rundpfeilern, die mit Streifen aus glasierten Ziegeln dekoriert sind und statt Kapitellen Ziegelmuster aufweisen. Die Ausstattung ist überwiegend mittelalterlich, darunter die schöne *Triumphkreuzgruppe* des 15. Jahrhunderts unter der Orgelempore. An der Nordwand steht die lebensgroße hölzerne *Stifterfigur* eines Ritters von Plessen in voller Rüstung mit Kettenhemd vom Beginn des 14. Jahrhunderts. Mehrere *gotische Holzfiguren* stammen ebenfalls noch aus dem Mittelalter. Der aufwendige, reliefgeschmückte *Spätrenaissance-Altaraufsatz* wurde zu Anfang des 17. Jahrhunderts geschaffen. Das Kirchenäußere wird zur Zeit renoviert.
Die Galerie FLIEGENDE KARTOFFEL bietet Keramik, Malerei und Grafik an.

Lübow

südöstlich von Wismar, östlich von Dorf Mecklenburg

Das Dorf Lübow wurde zuerst 1192 in einer Urkunde des Klosters Doberan erwähnt.

Es empfiehlt sich besonders, die DORFKIRCHE, einen bedeutenden spätromanischen Backsteinbau aus der ersten Hälfte des 13. Jahrhunderts, zu besichtigen. Dreischiffig geplant, wurde sie einschiffig ausgeführt und mit einem gewaltigen Westturm versehen. Die Bögen an Schiff.und Chor sind noch überwiegend romanisch rundformig. Lisenen gliedern das Schiff, während die Strebepfeiler an Apsis und Chor eine spätgotische Zutat sind. Das vermauerte Portal an der Südseite des Schiffs ist mit Deutschem Band und darüber mit einer Vierpaßblende geschmückt. An Chor und Schiff finden sich Kreuzbögen, ein Kragsteinfries sowie Deutsches Band. Während das Schiff flachgedeckt ist, besitzt der Chor ein kuppeliges Kreuzrippengewölbe.

Sehr eindrucksvoll steht die spätgotische *Triumphkreuzgruppe* auf dem alten Triumphbalken. Eine weitere Rarität bildet eine kleine *Holztafel* mit der spätgotischen Darstellung des Schmerzensmannes, vermutlich ehemals zu einem Schränkchen gehörend.

Die weitere Ausstattung ist barock: der *Altaraufsatz* mit Gemälden zu Abendmahl, Kreuzigung und Grablegung, die *Kanzel* von 1796 mit Rocaillen am Korb und nicht zuletzt der schöne hölzerne *Taufengel* im Chor aus dem 18. Jahrhundert. An der nördlichen und südlichen Chorwand stehen die reich ornamentierten *Patronatsemporen.* Über der nördlichen Chorwand erhebt sich das *Epitaph* des L. v. Bassewitz, das 1626 mit Wappen und der Figur des Verstorbenen in Sandstein mit Alabasterrelief reich ausgeführt wurde. Außerdem finden sich dort *Grabsteine,* darunter zwei aus dem Mittelalter mit Ritzzeichnung von verstorbenen Geistlichen.

Neuburg-Steinhausen

nordöstlich von Wismar, westlich der 105

Südlich des Ortes finden sich Reste eines BURGWALLS, des sogenannten Wallbergs, der anstelle der östlich gelegenen Landesburg Ilow um 1171 in drei konzentrischen Ringen angelegt und im 13. Jahrhundert ausgebaut wurde.

Eine Schönheit im Verborgenen bewahrt die DORFKIRCHE, ein Backsteinbau aus dem 13. Jahrhundert mit gewaltigem Westturm, eingezogenem Chor und Sakristei. Sie ist heute eine einschiffige, ehemals dreischiffige Basilika, wovon die zugemauerten Arkaden am Langschiff zeugen. Der Chorgiebel ist mit ansteigenden Rundbogenfriesen, die Schiffsnordwand mit Deutschem Band und Kragsteinfries geschmückt. Der quadratische Turm ist einfach, aber regelmäßig gegliedert: Seine vier Giebel zeigen Blendenverzierung. Das Schiff besitzt eine Balkendecke, der Chor Kreuzgratgewölbe. In den spitzen Triumphbogen ist eine Sakramentsnische eingelassen.

Seit 1980 ist die phantastische *Wandbemalung* wieder freigelegt. An der Nordwand befindet sich ein Zyklus mit Szenen und Einzelfiguren aus der Zeit um 1400, an der Südwand biblische Motive, plattdeutsche Inschriften und epitaphähnliche Bilder von 1584. Die überlebensgroßen Heiligenfiguren an der Ostwand des Schiffes stammen aus dem 17. Jahrhundert und sind in barocker Manier ausgeführt. Gleichzeitig entstand die Bemalung im Triumphbogen und im Chor.

Eine schöne spätgotische *Triumphkreuzgruppe* mit begleitenden Seraphimen steht auf altem Balken unter dem Bogen. Das *Tafelbild* aus dem 15. Jahrhundert zeigt Christus vor Pilatus und ist wohl der Rest eines Antependiums. Der *Altaraufsatz* entstand 1703. Es handelt sich um einen architektonischen zweigeschossigen Aufbau mit gedrehten Säulen als Rahmen für ein plastisches Kruzifix und den seitlichen Begleitfiguren Moses und Aaron. Über dem Mittelteil befinden sich ein Himmelfahrtsgemälde und Figuren der beiden Johannes. Auch die *Kanzel* stammt aus der Zeit um 1700.

Die Dorfkirche von Neuburg-Steinhausen besitzt nicht nur umfangreiche Wandmalereien aus verschiedenen Epochen, sondern auch eine wertvolle, reiche Ausstattung mit schöner spätgotischer Triumphkreuzgruppe, barockem Altar und Kanzel.

Sie besitzt einen Korb mit Akanthusvoluten und emblematischen Darstellungen sowie einen reich geschnitzten Deckel. *Beichtstuhl, Betstuhl* und *Logen* im Chor stammen aus dem 18. Jahrhundert. Außerdem ist noch ein *Grabstein* des Priesters Buchow von 1496 zu betrachten sowie das steinerne *Epitaph* des D. von Plessen, der 1598 starb.

Kirchdorf / Poel

nördlich von Wismar auf der Insel Poel

Die Insel Poel war schon in der jüngeren Steinzeit besiedelt. Sie ist die drittgrößte Insel der Küste nach Rügen und Usedom. Für Wismar und seinen Hafen bildete sie einen strategisch bedeutsamen Ort. Herzog Adolf Friedrich ließ im 17. Jahrhundert, vor Ausbruch des Dreißigjährigen Krieges, eine Festung errichten, von der heute noch ERDWÄLLE zeugen. Im Westfälischen Frieden fiel die Insel an Schweden und wurde erst 1903 wieder deutsch. Gegenwärtig ist sie eine viel besuchte Ferienstätte mit Badestränden und dem üblichen Freizeitangebot. Der sogenannte Breitling trennt sie vom Festland. Eine Attraktion bildet der LEUCHTTURM, der 1871 mit Lotsenhaus erbaut und 1930 auf 21 Meter aufgestockt wurde.

Die stattliche DORFKIRCHE aus Backstein auf Feldsteinsockel steht innerhalb der Erdwälle der Festung, die um das abgebrochene Schloß verlaufen. Das Untergeschoß des quadratischen Westturms mit Achteckhelm stammt aus der Mitte des 13. Jahrhunderts, während das einschiffige gewölbte Langhaus mit 5/8-Schluß im 15. Jahrhundert erweitert wurde. Blenden und ein Kreuz am Chor zieren die Ostgiebel.

Die Kirche birgt Schätze einer reichen mittelalterlichen Ausstattung: Der *Schnitzaltar* im Chor entstand im 15. Jahrhundert. Er ist horizontal unterteilt und weist im oberen Bereich eine Marienkrönung auf, flankiert von Nikolaus, Johannes d. T. und zwölf Aposteln unter kräftigen Maßwerkbaldachinen. In der unteren Zone erscheinen die Madonna und 15 weibliche Heilige als Halbfiguren.

Auf der Insel Poel steht die trutzige Dorfkirche von Kirchdorf innerhalb der alten Erdwälle einer Festung aus dem Dreißigjährigen Krieg.

An der Nordwand steht ein kleiner *Schnitzaltar,* der um 1500 geschaffen wurde und im Mittelschrein eine Madonna im Strahlenkranz und vier Engel zeigt. In den Flügeln weist er in vier Szenen die Geburt Christi auf. Ein schönes spätgotisches *Kruzifix* ist an der Nordchorwand postiert. Mehrere *Grabsteine* befinden sich in der südlichen Vorhalle.
Das HEIMATMUSEUM der Insel Poel ist in der alten Kirchdorfer Schule untergebracht (Tel. 230; Di–Fr 9–12 und 14–16 Uhr, Sa und So 9.30–11.30 Uhr; Okt.–April nur Di, Mi u. Sa, im Sommer Di–So 10–16 Uhr). Es rekrutiert sich aus der ehemaligen naturkundlichen und geschichtlichen Sammlung, die zwei Lehrer vor dem Zweiten Weltkrieg anlegt hatten. Hier wird ausführlich – mit archäologischen Funden, Verdeutlichung der politischen Geschichte und den Arbeitsgeräten der Bauern und Fischer – die Geschichte der Insel dokumentiert. Informationen über die Naturschutzgebiete Langenwerder und Fauler See/Rustwerder, die nicht betreten werden dürfen, sind erhältlich. In einem separaten Raum wird an die Katastrophe der „Kap Arkona" und „Thielbek" erinnert, die am 3. 5. 1945 in der Neustädter Bucht von britischen Jagdbombern versenkt wurden, wobei mehr als 7.000 KZ-Häftlinge aus Bremen, Neuengamme und Bergen Belsen umkamen. Eine GEDENKSTÄTTE mit steinernem Mahnmal am Schwarzen Busch erinnert an die Toten dieser Katastrophe.

Stove / Wodorf / Blowatz

an der Nebenstrecke Wismar – Neubukow, nahe Breitling und Salzhaff

Die HOLLÄNDERWINDMÜHLE von Stove (Mai–Okt., Di–So 10–13 und 14–16.30 Uhr) ist 15 Meter hoch, hat einen Flügeldurchmesser von 22 Metern und eine Schindeldeckung am Turm. Sie wurde 1889 erbaut und bis 1977 betrieben. Mittlerweile ist sie als technisches Denkmal zu besichtigen. Einmal im Monat wird sie zu Lehrzwecken in Betrieb gesetzt, ein Schauspiel von großem Seltenheitswert, da in der ehemaligen DDR fast alle Mühlen außer Dienst gestellt und

dem Verfall preisgegeben wurden. Zusätzlich wird in der Mühle in wechselnden Ausstellungen regionale Kunst vorgestellt.
In Blowatz veranstaltet die GALERIE HEIDEKATEN Ausstellungen. In Wodorf befindet sich die private GALERIE ROLF MÖLLER.

Schönberg
östlich von Lübeck an der 104
Als Dorf ist Schönberg bereits 1219 erwähnt, seit der zweiten Hälfte des 13. Jahrhunderts bildete es sich zur Stadt aus, erhielt aber erst 1822 Stadtrecht. Heute wird die hübsche kleine Stadt mit ihren klassizistischen Bauten von 1800, den vielen schlichten Fachwerkhäusern und einer ansehnlichen Kirche sehr zu Unrecht allein unter dem Aspekt der Mülldeponie betrachtet.
Die STADTKIRCHE ST. LORENZ UND KATHARINA ist ein Backsteinbau des 14. Jahrhunderts mit gestrecktem Chor und 5/8-Schluß. Das Langhaus ist als flachgedeckte Stufenhalle vollendet. Den Westturm schloß man erst 1831 mit Giebel und Turmhaube. Verschiedene Veränderungen am Bau fanden nach einem Brand 1601 und bei der großen Restaurierung 1846–1848 statt.
Der *Altaraufsatz* entstand 1616. Er ist von den Figuren des Petrus und Paulus gerahmt und von Engeln begleitet. Das wertvollste Inventarstück ist der *Taufkessel,* den Gerhard Cranemann laut Inschrift 1357 schuf. Drei kniende Engel tragen den Kessel, der mit zwei Reihen Arkaden verziert ist. Darunter befinden sich Heilige, Szenen aus dem Leben Christi und Rautenvierpaßornamente. Ein *Steinepitaph* für Ch. v. Stralendorf und seine Frau am westlichen Mittelschiffpfeiler stammt von 1599. Vor der Nordseite der Kirche steht ein *Sühnekreuz* für H. Carlow aus Sandstein, in das auf der Vorderseite ein Kruzifix mit einem Anbetenden, auf der Rückseite Wappen und Inschrift gemeißelt sind.
Das HEIMATMUSEUM SCHÖNBERG (An der Kirche 8/9; Tel.

539; Mi, Sa, So 14–17 Uhr und nach Vereinbarung) ist ein traditionsreiches kleines Museum, das nicht nur seit jeher auf die Präsentation der städtischen Geschichte spezialisiert war, sondern das gesamte Ratzeburger Gebiet umfaßte, das seit 1701 zum Strelitzer Landesteil gehörte. 1903 bereits wurde unter Leitung des Pastors Krüger die „Sammlung des Altertumvereins für das Fürstentum Ratzeburg" als Schönberger Museum auf einer Anhöhe neben der Kirche eröffnet.
In Schleswig-Holstein sind die reich verzierten *Schönberger Trachten* ein Begriff, dabei besonders die sogenannten „Ketteldöker" (Kesseltücher), mit Pailletten bestickte Tücher, die in der Sonne wie geputzte Messing- oder Kupferkessel glänzen. Viel Silberschmuck sowie Geräte und Hinterlassenschaften der Zünfte und Kunst aus der Umgebung ergänzen den Bestand.
Das FREILICHTMUSEUM BECHELSDORFER SCHULZENHAUS (Johannes-Boye-Str.; Tel. 539; Mai–Okt., Mi, Sa, So 14–17 Uhr) ist das ehemalige Wohnhaus eines Dorfbürgermeisters von 1750, das komplett nach Schönberg umgesetzt wurde. Es dokumentiert vorzüglich das großbäuerliche Leben im ehemaligen Fürstentum Ratzeburg in einem Arbeitszimmer des Schulzen, den Arbeits- und Wohnräumen der Familie und des Gesindes.

Rehna

nordwestlich von Gadebusch

Das Dorf Rehna bestand schon vor der Gründung des Klosters 1236. Im Jahre 1362 ist der Ort erstmals als Marktflekken genannt. Städtische Privilegien erhielt er erst 1791. Er gruppiert sich um einen an der Straße Schwerin–Lübeck gelegenen Markt mit Rathaus.
1236 wurde ein Benediktinerinnen Nonnenkloster gegründet, von dem die einschiffige KLOSTERKIRCHE, ein stattlicher Backsteinbau aus der Gründungszeit, erhalten ist (Mi und Sa 15–16.30 Uhr, So 14–16 Uhr). Der Turm zeigt unterhalb der spätgotischen Teile noch an allen drei Seiten Rundbogen-

Vom vormaligen Benediktinerinnenkloster in Rehna zeugt die einschiffige Klosterkirche, die am Turm noch romanische Elemente aufweist.

bzw. Dreiecksfriese, an der Westseite ein großes Rundbogenportal. Auch an der Südwand des Langhauses sind noch romanische Elemente erkennbar. Die Kirche wurde im 15. Jahrhundert spätgotisch verändert, der Erneuerungsbau 1456 geweiht. Ihr Äußeres ist schlicht, der Ostgiebel ist blendengeschmückt. Ein spitzbogiger Triumphbogen trennt Chor und das hohe Schiff voneinander ab.

An der Südwand haben sich qualitätvolle Reste hochgotischer, allerdings ziemlich verblaßter *Wandmalerei* erhalten, die 1960 vollständig freigelegt wurde und stilistischen Kontext mit den Wandmalereien im Lübecker und Schleswiger Dom aufweist. Es handelt sich um einen Zyklus aus dem 14. Jahrhundert mit Szenen aus dem Leben Christi und der Wurzel Jesse, der sich einstmals im Kreuzgang fortsetzte. Eine spätgotische Bemalung mit Passionsszenen und Propheten liegt teilweise deckend darüber.

Um 1520 entstand der stattliche *Schnitzaltar,* der 1851 auseinandergenommen und teilweise in das Museum in Schwerin gebracht wurde. In Rehna blieben die plastischen Teile der Zweiten Wandlung, die in einen neugotischen Schrein versetzt wurden: eine figurenreiche Kreuzigung im Mittelteil mit einem Schreiber rechts unten, gerahmt von vier weiblichen Heiligen und zwölf Aposteln in den Flügeln. Stilistisch sind die Figuren den Schleswigern verwandt.

An der Südseite des Chors steht ein *Chorstuhl* mit reichen Maßwerkschnitzereien aus dem 15. Jahrhundert. Das *Triumphkreuz* entstand im 18. Jahrhundert. Bemerkenswert sind auch der zehnarmige *Messing-Kronleuchter* von 1688 mit lübschem Adler (derzeit in Renovierung), einige *Grabplatten* und das *Epitaph* der Anna v. Viereck von 1653. Seit 1976 wird die Kirche renoviert.

Von den Klosterbauten haben sich drei Flügel des KREUZGANGS mit Kreuzrippengewölben vom Ende des 12. Jahrhunderts und der interessante KAPITELSAAL mit bemalten Kapitellen erhalten, der heute leider als Gymnastikraum der örtlichen Schule genutzt wird.

Das Innere der Klosterkirche von Rehna wird von einem stattlichen Schnitzaltar bestimmt, der heute in einem neugotischen Schrein aufgestellt ist. Weitere Teile dieses Altars werden im Schweriner Museum gezeigt. Oben das Chorgestühl aus dem 15. Jahrhundert.

Das Rathaus mit Rundbogengiebel und Laterne aus dem frühen 19. Jahrhundert ist frisch verputzt.
An der Straße steht das Deutsche Haus, das älteste Fachwerkhaus Rehnas aus dem 17. Jahrhundert, das früher Gasthaus war, später eine Schmiede beherbergte und heute wieder als Gaststätte fungiert. Schlichte Fachwerkhäuser bestimmen das freundliche und gepflegte Bild der Stadt.

Wedendorf

östlich von Rehna, zwischen 104 und 208

Das ehemalige Herrenhaus verfällt, obgleich es 1966 letztmalig restauriert wurde. Es ist ein Barockschloß von klassischer Schlichtheit, das 1697 am Wasser errichtet wurde. Der Ursprungsbau war zweigeschossig zwischen beidseitig vortretenden halbgeschossig erhöhten Flügeln mit Segmentbogengiebeln. Im Mittelbau liegen Diele und Gartensaal hintereinander, darüber der Festsaal. 1805 veränderte Baumeister Rabe das Schloß in klassizistischem Sinn, indem er den Mittelteil um ein halbes Geschoß aufstockte, die Fenster veränderte und die Fassadengliederung straffte. Die *Grisaille-Dekkengemälde* im Gartensaal, Treppenhaus und anderen Räumen waren berühmt. Die steinernen, mittlerweile geweihlosen Hirsche bewachen noch immer das Eingangstor. Das Schloß diente lange Zeit als Zentralschule des FDGB.

Möllin

nordwestlich von Gadebusch, seitlich der 104

Wer nach Gadebusch fährt, sollte einen kleinen Umweg einplanen und in Möllin das Rauchhaus ansehen; eine Außenstelle des Heimatmuseums Gadebusch (Ortsteil Möllin nordwestlich von Gadebusch an der 104; Mi 13–17 Uhr; Do, Fr 10–12 Uhr, Sa und jeden 1. So im Monat 13–17 Uhr). Das Rauchhaus wurde um 1780 erbaut und 1983–1986 restauriert. Es diente bis 1981 als Wirtschaftshaus mit Durchfahrt, Diele und Wohnteil. Die Einrichtung und Einbauten sind original, meist aus dem 19. Jahrhundert. Der Rauch der

Das kleine Rathaus von Rehna mit Laterne und Rundbogengiebel aus dem frühen 19. Jahrhundert wirkt wie ein Haus aus einer Puppenstadt.

zentralen Feuerstelle zieht hier ohne Schornstein durch Dachritzen und Lüftungsschlitze ab, konserviert das Gebälk, bewahrt vor Ungeziefer und räuchert Fleisch und Wurstvorräte.

Gadebusch

zwischen Rehna und Schwerin an der 104

Slawische Siedler gründeten um 1000 die Ansiedlung „Godebuz". Die Burg ist seit 1181 bezeugt. In ihrem Schutz erbauten zu Beginn des 13. Jahrhunderts deutsche Mönche und Bauern Kirche und Dorf, das 1225 durch Heinrich Borwin I. Stadtrecht erhielt. Von der mittelalterlichen Befestigung mit drei Toren ist nichts übriggeblieben. Nach mehreren Stadtbränden ist heute nur wenig Altbausubstanz vorhanden, jedoch sind einige bedeutende Bauten erhalten. Das Städtchen bietet ein freundliches, intaktes Bild.

Die STADTKIRCHE ST. JAKOB UND ST. DIONYSIUS wurde als spätromanischer Backsteinbau 1220 begonnen. Mit der Dorfkirche im benachbarten Vietlübbe ist sie der älteste erhaltene Bau vergleichbarer Art in Mecklenburg. Anfang des 14. Jahrhunderts wurde statt der geplanten Doppelturmanlage ein mittlerer Turm über dem monumentalen Westbau ausgeführt. Chor und Nordkapellen gehören ebenfalls dieser späteren Periode an. Romanische Ursprünge können an der Südseite festgestellt werden. Sehr eindrucksvoll ist das rundbogige, abgetreppte Südportal am massiven Westbau, das durch eingestellte Säulen mit ornamentierten Backsteinkapitellen und gedrehten Rundstäben in schachbrettartiger Musterung geschmückt ist. Kapitelle und Schmuckformen sind sichtlich der Hausteinbauweise entlehnt. Der Ostgiebel ist von Zahnschnittfriesen eingefaßt, der Dorfkirche in Vietlübbe ähnlich. Auch die Fensterrose der Westwand stammt wohl aus dem 13. Jahrhundert.

Der alte Kern ist ein Raum von gleicher Länge und Breite mit quadratischen Jochen zu je 3 × 3 Metern, eine kuppelgewölbte Hallenkirche, an die der spätere Chor anschließt. Die

Das Rathaus steht in Gadebusch an einem dreieckigen Platz. Es stammt aus dem Jahre 1340 und besitzt zwei offene Gerichtslauben zum Markt. Links im Hintergrund erhebt sich die Stadtkirche St. Jakob und St. Dionysius. Dieser spätromanische Bau ist einer der ältesten in Mecklenburg.

Pfeiler sind reich und plastisch gebildet, das östliche Paar mit vier kräftigen Halbsäulen und schlanken Runddiensten, die in Tier- und Menschenköpfen enden. Der leicht spitzbogige Triumphbogen ist breiter als das Mittelschiff, an seiner Ostseite lassen sich die Breite des ursprünglich geplanten Chors und der Gewölbeansatz erkennen. Die zweijochige Marienkapelle an der Nordseite des Langhauses ist eine Stiftung der Königin Agnes von Schweden von 1420. Neben ihr liegt die sogenannte Lützow-Kapelle, die im 16. Jahrhundert mit einem Renaissance-Giebel versehen wurde.
1955 wurden architekturbezogene *Wandmalereien* aus dem 13. Jahrhundert aufgedeckt und restauriert. Darunter finden sich Zickzackfriese, verschachtelte Dreiecke als trompe l'œil-Motive, Wechsel von Quadern, rote Linien auf weißem Grund. Auch die Gewölbegrate waren bemalt, bisweilen ringförmige Schlußsteine im Gewölbescheitel vortäuschend. Spätere Reste von Wandmalereien aus der Zeit um 1630 an der Ostwand des Seitenschiffs zeigen einen Christophorus.
Einer Renovierung im Jahre 1842 fielen viele Ausstattungsteile zum Opfer. Unter den erhaltenen Stücken fällt eine von drei Engeln getragene *Bronzefünte* von 1450 auf, die an den Wandungen Passionsszenen zeigt und in Gußtechnik und Zeichnung eine der besten und reichsten unter den norddeutschen Taufen darstellt. Sehr eindrucksvoll ist auch die *Triumphkreuzgruppe* von Ende des 15. Jahrhunderts. Im Schiff finden sich Reste des ehemals reichen *Chorgestühls* mit ornamentalen und figürlichen Schnitzereien an den Wangen. Eine davon ist mit einer ergreifenden Madonna unter einem Kielbogen geschmückt. Die *Kanzel* wurde 1607 geschaffen und 1843 erneuert. Von einem spätgotischen *Altar* ist der Mittelteil erhalten; ein Relief mit Darstellung des Marientodes aus einem spätgotischen *Schnitzaltar* befindet sich in der Marienkapelle. Dort sind auch Reste gotischer *Glasmalerei* zu sehen und ein *Tafelbild* mit den Bildnissen des schwedischen Königs Albrecht III. und seines Sohnes aus dem 16. Jahrhundert.

Die von Engeln getragene Bronzetaufe (oben) in der Stadtkirche von Gadebusch stammt aus dem Jahre 1450 und ist eines der wertvollsten Taufbecken in Norddeutschland. Unter den Resten mittelalterlichen Chorgestühls mit ornamentaler und figürlicher Malerei findet sich auch diese schöne Madonna (unten) unter einem gotischen Kielbogen.

Bemerkenswert im Chor ist der *Grabstein* der Königin Agnes, die 1434 starb: eine Kalksteinplatte, in der die im Umriß ausgeschnittene Gestalt der Verstorbenen, Wappen und die vier Evangelistensymbole erscheinen. Trotz deutlicher Wasserschäden in Chor und Langhaus ist ein Besuch der schönen Kirche ein unbedingt lohnender Ausflug.

Das SCHLOSS erbaute Christoph Haubitz 1571 als Residenz der Mecklenburgischen Herzöge am Ort der wendischen Ringburg auf einer Erhebung unmittelbar über dem kleinen Marktplatz. Die ursprüngliche Anlage war wesentlich weitläufiger mit Umfassungsmauer, Wallgraben und Zugbrücke, Pforthaus, Kanzlei, Bergfried und Wirtschaftsgebäuden. Der erhaltene rechteckige Bau ist das Hauptgebäude. An ihm fällt der reiche, detaillierte Terrakottenschmuck der Fassade auf, der – im Gegensatz zum Fürstenhof in Wismar – weitgehend der ursprüngliche ist. Hier handelt es sich um einen dreigeschossigen Putzbau, der durch Terrakotta-Pilaster mit Ornamentschmuck und Friese mit integrierten Rundbildnissen horizontal gegliedert ist. Diese Bildnisse stammen aus der Werkstatt des Niederländers Statius von Düren in Lübeck.

Auf der Hofseite springt auf der rechten Seite der *Windelstein,* das Treppenhaus vor. Es nimmt die Horizontalgliederung auf. Die Portale an den Stirnseiten sind mit szenischem und ornamentalem Reliefschmuck überzogen. Auch innen finden sich einige reich gerahmte *Terrakotta-Portale.* Das Schloß wurde seit 1950 als Internat und Kindergarten genutzt. Künftig wird es städtischen und kulturellen Funktionen zugeführt, als Standesamt, Verwaltungsbehörde etc.

Das RATHAUS an dem dreieckigen Platz entstand bereits um 1340. Es wurde im 15. Jahrhundert erweitert und 1618 erneuert, wobei es zwei offene Gerichtslauben zum Markt erhielt. Die Giebel sind mehrgeschossig und in der Kontur gerundet. Rathaus und Stadtkirche bieten zusammen ein hübsches Ensemble.

Das HEIMATMUSEUM (Schloßberg; z. Zt. nur auf Anfrage und

für Gruppen geöffnet, später: Mi 13–17 Uhr; Do, Fr 10–12 Uhr; Sa und jeden 1. So im Monat 13–17 Uhr). Das bisherige Museum in einem Wirtschaftsgebäude des Schlosses ist 1979 geschlossen worden. Seit 1989 wird in einem Raum des Schloßensembles ein neues Museum konzipiert mit Schwerpunkten auf Dokumenten und Objekten zur Stadtgeschichte, wie Bildtafeln, Spielzeug, Schulsachen, Hausrat, Fotos, Fahnen nach 1945. Im Herbst 1990 kam als neues Glanzlicht ein Böllergeschütz der Schützengilde hinzu, das ein Gadebuscher Bürger über Jahrzehnte verborgen hielt. Es sollen auch Dokumente über den Stalinismus und die Wende in Gadebusch präsentiert werden.
Die GALERIE AM SCHLOSSBERG Gadebusch ist Mi–So 13–17 Uhr geöffnet.

Vietlübbe
östlich von Gadebusch
Die DORFKIRCHE gilt zusammen mit der Stadtkirche Gadebusch als älteste in Mecklenburg. Sie ist in solider Mauertechnik ausgeführt und stammt aus dem frühen 13. Jahrhundert. Als ungewöhnlich und selten erweist sich der Grundriß, der kreuzförmig über fünf gleiche Quadrate als griechisches Kreuz angelegt ist, an dessen Ostende eine niedrigere Apsis anschließt. Über dem Westjoch erhebt sich der mittlerweile schiefe, verbretterte kleine Turm mit Achteckhelm. Der Außenbau zeigt sorgfältig gemauerte Backsteinfriese aus gekreuzten Rundbögen und Rauten, während der steile Ostgiebel mit Zahnschnittfriesen versehen ist. Rundbogige Fenster und Portale mit eingelegtem Rundstab sind romanischer Herkunft. Die Nähe zu den Schmuckdetails der Südvorhalle des Ratzeburger Doms läßt vermuten, daß Werkleute aus Ratzeburg hier tätig waren. Über jedem Kreuzarm erhebt sich ein kuppeliges Kreuzrippengewölbe. Vor den Eckpfeilern am Chor laufen Halbsäulen mit Würfelkapitellen in Backstein. Die Proportionen des Raums sind durch eine *Ausmalung* von 1865 beeinträchtigt. Einbauten und Ausstat-

tung stammen von der letzten Renovierung aus demselben Jahr („unter der Patronatsverwaltung der Herren Gustav und Moritz von Leers auf Schönfeld Vietlübbe und Mühlen-Eichsen"). Allein die einfache *Kalksteintaufe* aus dem 13. Jahrhundert, die ehedem bemalt war, und eine hölzerne *Triumphkreuzgruppe* aus dem 15. Jahrhundert sind älteren Datums.

Die Kirche wird momentan wieder vollständig restauriert, so daß sie nicht zu besichtigen ist. Bei der Entfernung der Ausmalung kamen im Chor eine Rosette und vier Sterne einer älteren Bemalung zum Vorschein. Die Triumphkreuzgruppe ist ebenfalls in Renovierung.

GUT VIETLÜBBE ist ein intaktes verputztes Gebäude, das als Ferienheim „Theodor Körner" genutzt wurde.

Kirch Stück

nördlich von Schwerin an der 106

Das Dorf ist sehr alt, es wurde bereits 1178 urkundlich erwähnt. Seine KIRCHE ist um 1300 erbaut. Sie besitzt einen quadratischen gewaltigen Turm, der fast die Grundfläche des Schiffs einnimmt. Außerdem hat sie einen eingezogenen quadratischen Chor mit tief ansetzendem kuppeligem Kreuzrippengewölbe. Das Schiff ist stark erneuert und zum Dachstuhl hin geöffnet. Im nördlichen Chorfenster finden sich bedeutende Reste mittelalterlicher *Glasmalereien:* ein Ritterheiliger im Kettenhemd aus der Zeit um 1300 und eine Kreuzigungsgruppe in architektonischem Rahmen gegen 1400. Gleichzeitig wurden Heiligenbilder in die Spitzbögen der Fenster gemalt. Ein schöner *Flügelaltar* von 1430–1440 zeigt im Schrein St. Georg und eine Kreuzigungsgruppe, in den Flügeln zwei Reihen Apostel. Eindrucksvoll ist auch das *Triumphkruzifix* aus dem 15. Jahrhundert und die *Grabplatte* für A. v. Hahn aus dem Jahr 1573 mit der Gestalt der Verstorbenen unter einer Arkade.

Die Dorfkirche von Vietlübbe ist neben der von Gadebusch die älteste in Mecklenburg. Es handelt sich um eine kreuzförmige Anlage mit niedriger Apsis. Romanische Bauelemente bestimmen das Äußere.

Schloß Willigrad / Lübstorf

nördlich von Lübstorf am Schweriner See, östlich der 106

SCHLOSS WILLIGRAD, ein geräumiger Neorenaissancebau von 1896, umgeben von zahlreichen Wirtschaftsgebäuden, teils in Fachwerk, liegt wunderschön am Schweriner See. Großherzog Johann Albrecht und seine Frau Elisabeth von Sachsen-Weimar ließen es als Sommerresidenz errichten. Da es jahrzehntelang als Polizeischule genutzt wurde, befindet es sich in ausgezeichnetem Zustand. Gegenwärtig veranstaltet der örtliche Kunstverein *Ausstellungen* im Schloß. In Zukunft werden das Museum für Ur- und Frühgeschichte aus dem Schweriner Schloß und Verwaltung hier etabliert werden.
In Lübstorf veranstaltet die GALERIE KROHNSHOF (Aubach) Ausstellungen.

Klein / Groß Trebbow

westlich der 106, nördlich von Schwerin und Kirch Stück

Das EHEMALIGE GUTSHAUS ist ein imponierender zweistöckiger Bau im Stil der Neorenaissance mit angefügten Ecktürmen, der 1865 für die Familie von Barner errichtet wurde. Eine Freitreppe führt im Erdgeschoß direkt in den Festsaal. Als Verwaltungsamt für Gemeinde und LPG wurde es in der Nachkriegszeit mit entstellenden An- und Umbauten verunziert. Der gepflegte *Park* erstreckt sich zum Ufer des Trebbower Sees hinab.
Die DORFKIRCHE in Groß Trebbow auf der gegenüberliegenden Seeseite ist ein unauffälliger, einschiffiger Backsteinbau mit 5/8-Schluß aus dem 15. Jahrhundert mit Strebepfeilern am Chor, umlaufendem Deutschem Band und steilem mittelalterlichem Ziegeldach. Der hölzerne Glockenstuhl steht frei. Das Schiff ist flachgedeckt. *Kanzel* und *Altar* sind Arbeiten von 1690. Ein kleines *Holzkruzifix* aus dem 15. Jahrhundert und ein spätgotischer *Kelch* sind älteren Datums. An der nördlichen Außenwand ist die *Grabplatte* des Ehepaars von Raben angebracht.

Auffallend an der Dorfkirche von Groß Trebbow ist neben wenigen alten Ausstattungsstücken der freistehende hölzerne Glockenstuhl. Auf der gegenüberliegenden Seite des Trebbower Sees imponiert der Neorenaissancebau des Gutshauses von Klein Trebbow (links) mit Ecktürmen, Freitreppe und Festsaal. Schloß Willigrad bei Lübstorf am Schweriner See (rechts) wurde 1896 erbaut und ist gut erhalten. Hier soll zukünftig das Schweriner Museum für Ur- und Frühgeschichte einziehen.

Schwerin

am Schweriner See, an der Kreuzung der 106, 321 und 104
Schwerin liegt am Westufer des gleichnamigen Sees und ist umgeben von insgesamt 25 kleineren Seen, die sich mit Wäldern zu einem Waldseen-Park verbinden.
1018 ist eine slawische Burg auf der Schloßinsel erstmals erwähnt. 1160 eroberte Heinrich der Löwe eben diese obotritische Fürstenburg „Zuarin", die die zurückweichenden Slawen auf Anweisung Fürst Niklots selbst zerstörten. Der Welfe gründete darauf die Grafschaft Schwerin und ließ die Burg als Grafensitz wieder aufbauen. Im selben Jahr erhielten die bestehende nahegelegene Kaufmannssiedlung und das slawische Suburbium Stadtrecht. Diese Stadt war zwischen Burgsee und Pfaffenteich auf unregelmäßigem gitterförmigem Grundriß angelegt und damit die älteste deutsche Stadtgründung östlich der Elbe. 1167–1171 erfolgten die Verlegung des Bischofssitzes von der Burg Mecklenburg nach Schwerin und der Baubeginn am ersten Dom. Als 1358 die Grafschaft durch Kauf an die mecklenburgischen Herzöge fiel, wurde die Stadt ständige Residenz der Mecklenburger (mit Ausnahme der Jahre 1764–1837) und seit 1815 Regierungsstadt des Großherzogtums Mecklenburg. Diese Bedeutung hat sie trotz zahlreicher Rückschläge und der etwas abseitigen Lage neben den großen Handelsstraßen niemals verloren.
Von der STADTBEFESTIGUNG, die seit 1339 bezeugt ist, sind heute noch *Mauerreste* und ein *Turm in der Burgstraße* vorhanden. Stadtbrände in den Jahren 1531, 1558 und 1661 verwüsteten die Altstadt (nicht den Dom), so daß wenig mittelalterliche Bausubstanz erhalten ist. Heute bilden Fachwerkhäuser des 17. bis 19. Jahrhunderts, die oft klassizistisch verputzt wurden, und diverse imposante Repräsentationsbau-

ten, die man während des Baubooms nach 1850 in klassizistischem Stil errichtete, den Großteil der älteren Bebauung.
1840 wurde zur Erhebung von Binnenzöllen ein WALL mit fünf Torhäusern errichtet, von denen das *Güstrower* und *Berliner Tor* erhalten sind. Das Berliner Tor wurde von Georg Adolph Demmler 1841–1844 in Gestalt zweier dorischer Tempel errichtet; heute wird es als Stadtarchiv genutzt.
Nördlich der Altstadt von Schwerin entwickelte sich seit dem 13. Jahrhundert aus einem Fischerdorf die Schelfvorstadt auf der Schelfinsel. Von 1705 an wurde sie planmäßig neu bebaut, die Vereinigung mit der Altstadt erfolgte erst 1832.
Nach 1945 änderte sich der Stadtcharakter: Schwerin wurde als Bezirkshauptstadt industrialisiert, die Einwohnerzahl stieg sprunghaft, und neue Einheits-Wohnviertel entstanden im Umland (Lankow, Görries). Später kamen im Süden auf dem Großen Dreesch die bekannten Wohnmaschinen der Trabantenstädte in Plattenbauweise hinzu.
Die landschaftliche Lage der Altstadt zwischen den sieben Seen ist ausgesprochen schön und bietet reichlich Naturerlebnisse und Erholungsmöglichkeiten. Auf Tausende von Touristen wirken überdies die zahlreichen Baudenkmale und kulturellen Stätten der Stadt attraktiv. Heute ist Schwerin Hauptstadt des Landes Mecklenburg-Vorpommern vor der Rivalin Rostock und mit 130.000 Einwohnern wirtschaftlicher und kultureller Mittelpunkt des Landes. Trotz unübersehbarer Fassadenmängel macht die Stadt einen lebhaften, positiven Eindruck, wozu nicht zuletzt das pulsierende Touristengetümmel beiträgt.
Der DOM ST. MARIEN UND JOHANNES EV. steht hinter dem Markt an der höchsten Stelle der Stadt. Er ist eines der historisch bedeutendsten Gebäude des Landes. 1171 und 1248 wurden Vorgängerbauten geweiht. Von dem letzten blieb einzig die sogenannte *Paradiespforte* im Unterbau des Turms übrig.
Der Dom ist eine gotische Basilika nach französischem Schema mit Querschiff, Umgangschor und Kapellenkranz

Johan Wilck malte im Jahre 1807 den Einzug Herzog Friedrichs Franz I. nach dem Tilsiter Frieden auf den altstädtischen Markt in Schwerin, nachdem er in seine alten Rechte wiedereingesetzt war. Das Gemälde vermittelt einen Eindruck des damaligen Stadtbildes. Links das Rathaus mit erkerartigem Vorbau, daneben die fürstliche Apotheke und anschließend eine lange Front spitzgiebeliger Bürgerhäuser aus dem 17. Jahrhundert. Im Hintergrund die Laterne der katholischen St.-Annen-Kirche.

und entspricht somit als einzige norddeutsche Kirche vollkommen dem Beispiel der westeuropäischen Hochgotik. Seine Dimensionen sind beeindruckend: 110 Meter lang und 30 Meter hoch im Inneren. Um 1270 wurde mit dem Turmunterbau begonnen, 1327 wurden Chor und Kapellenkranz geweiht, 1374 das Langhaus vollendet. Von dem Vorbild Marienkirche in Lübeck unterscheidet ihn das mächtige dreischiffige Querhaus, das den langgestreckten Bau in der Mitte unterteilt. Im 15. Jahrhundert entstand der nördlich anschließende Kreuzgang. Der Turmoberbau wurde erst 1889–1892 unter Beibehaltung des Erstbaus statt der geplanten Westfassade fertiggestellt. Ein Blick vom Turm über die Stadt und die Seen ist unbedingt zu empfehlen.

Das Äußere beeindruckt durch seine Massigkeit. Vertikalakzente entstehen durch die Treppentürme an den Querhausfassaden. Unterhalb der Traufe laufen ein Kleeblattbogenfries und Strebepfeiler um, Strebebögen erheben sich nur am Langhaus. Die Portale sind kämpferlos mit feingliedrigen Leibungen versehen. Vertikale bestimmen die Innengliederung; selbst das schmale Gesims über den Arkadenbögen wird von den Gewölbediensten überschnitten. Darüber erheben sich die großen dreiteiligen Fenster, die im unteren Bereich als Blenden angelegt sind. Dienstbündel belegen allseitig die quadratischen Pfeiler in Chor und Langhaus, sie tragen die Kreuzrippengewölbe des gesamten Innenraumes außer der Vierung. Diese besitzt ein Sterngewölbe, das Hochschiff des Querhauses ist netzgewölbt.

Es fanden sich *Wandmalereien* in der Kapelle Mariae Himmelfahrt im Nordquerschiff, die 1960 letztmalig aufgedeckt wurden. An der Nordwand entstand 1330–1345 eine Wandmalerei, in dem die Arme eines Rankenbaums drei Reihen Medaillons umfangen, in denen biblische Szenen dargestellt werden: die Erschaffung Adams und Evas, das Paradies, die Vertreibung, der Brudermord; in zweiter Reihe die Geburt Christi und die Flucht nach Ägypten sowie Herodes' Kindermord, darüber Szenen aus dem Leben Jesu. Erhalten haben

Von der Schweriner Schloßbrücke aus schweift der Blick über den sogenannten „Alten Garten“ bis zum hochgotischen Dom hinauf.

sich nur die roten Vorzeichnungen auf weißem Grund. Am Gewölbescheitel sind Reste einer Bemalung vom Ende des 13. Jahrhunderts zu sehen. Die Gewölbemalerei stammt aus dem 14. Jahrhundert und zeigt Medaillons in Rankenwerk, ebenfalls mit figürlichen Darstellungen und Szenen des alten Testaments. Auch an der Südseite sind mittlerweile Wandmalereien freigelegt worden. Hier handelt es sich um etwas blasse figürliche und ornamentale Motive.

Die ehemals reiche Ausstattung wurde im Verlauf der Renovierungen von 1815 und 1866 stark dezimiert.

So ist der prachtvolle *Hauptaltar* von 1495, der sogenannte Lostealtar, der letzte von ehemals 35 Altären des Mittelalters. Er wurde 1948 restauriert und neu gefaßt. In den Mittelschrein ist eine ältere Sandsteinreliefplatte mit einer vielfigurigen Kreuzigung und einigen Passionsszenen montiert, flankiert von den Holzfiguren Mariä und Johannes Ev. In den Flügeln stehen zwölf Apostel und vier Heilige unter Maßwerkbaldachinen; den oberen Abschluß krönt ein Kreuzblumenkamm. Leider ist die Malerei der Außenflügel verlorengegangen.

Bemerkenswert ist auch eine *Bronzefünte* vom Ende des 14. Jahrhunderts, die von acht männlichen Figuren in Zeittracht getragen wird und außen mit Heiligenfiguren unter Maßwerkrahmen versehen ist.

Unter den verschiedenen *Grabplatten* des 14. Jahrhunderts fallen die Doppelplatten für Ludolf und Heinrich von Bülow und eine größere Platte für die Bischöfe Gottfried und Friedrich von Bülow auf. Es sind Metallarbeiten aus Flandern, die die Verstorbenen in schönen Chorgewändern unter geometrischer gotischer Architekturrahmung abbilden.

Das *Epitaph* der Herzogin Helena von Mecklenburg wurde 1525–1527 in der Nürnberger Werkstatt von Peter Vischer d. Ä. gegossen. Es zeigt auf einer großen Tafel das mecklenburgisch-pfälzische Wappen, gehalten von Löwe und Greif und ist mit schönen Renaissanceornamenten verziert.

Überdies ist das 1595 entstandene *Freigrab* für Herzog Chri-

Der weiße Innenraum des Doms wirkt kühl, die grüne und rote Kantenbemalung stark akzentuiert. Über dem prachtvollen gotischen Hauptaltar, dem sogenannten Lostealtar, erhebt sich das Triumphkreuz (oben).
Die Bronzetaufe (unten) stammt vom Ende des 14. Jahrhunderts und zeigt männliche Figuren unter Maßwerkrahmen.

stoph und seine Gemahlin Elisabeth von Schweden zu besichtigen, das wohl von Robert Coppens aus Antwerpen geschaffen wurde. Über einem Unterbau knien die Marmorgestalten des Herzogs und seiner Frau in Zeittracht vor einem Betpult, umgeben von Reliefs mit Wappen, Bibelszenen u. a. Aus dem Kontrast zwischen weißer Bildhauerarbeit und schwarz getönter Architektur bezieht das Epitaph seine starke Wirkung. Weitere Grabdenkmäler und Wappenepitaphien sind vorhanden.

Der Dom ist seit Beginn der Renovierung 1965 bestens gepflegt, wirkt allerdings etwas frischfarbig durch seine kaltweißen Wände und die stark akzentuierte grün-rote Rippen- und Profilfärbung.

Die SCHELFKIRCHE (Pfarrkirche St. Nikolai auf der Schelfe) ist als erste nachreformatorische Kirche der bedeutendste Barockbau der Stadt. Sie wurde an der Stelle eines mittelalterlichen Baus 1708–1713 von Jakob Reutz und Leonhard Christoph Sturm erbaut. Sie ist ein Zentralbau in Backstein; die Details sind in Sandstein ausgeführt. Drei Kreuzarme münden in 5/8-Schluß, der vierte in einen Turm mit welscher Haube. Das Äußere gliedern gequaderte Pilaster mit Akanthuskapitellen, innen trägt vorkragendes Gebälk die flachbogige Putzdecke. Die barocke Ausstattung wurde im Jahre 1858 entfernt.

Die KATHOLISCHE PFARRKIRCHE ST. ANNA entstand 1792 als schlichter Putzbau mit Pilastergliederung und Dachtürmchen an der Ostseite. Im Innern stellt sie sich als ein tonnengewölbter Saalbau dar. Die Ausstattung stammt aus der Bauzeit: *Kanzel, Altar* mit Gehege, *Orgelprospekt, Beichtstühle, Taufständer* und *Empore* sind mit einfachem Zopfdekor versehen. Älter ist die *Schnitzgruppe* der Anna Selbdritt, die in der Zeit um 1500 entstand. Ein weiteres wertvolles Inventarstück ist die 1794 gestiftete und in Augsburg gefertigte *Monstranz.*

Die PAULSKIRCHE wurde 1863–1869 als neugotischer Backsteinhallenbau dreischiffig mit Querschiff errichtet.

Die sogenannte Schelfkirche ist ein bedeutender barocker Zentralbau in Backsteinbauweise (oben).
In der katholischen Pfarrkirche St. Anna ist das Innere in einfachem Rokokoklassizismus einheitlich weiß gehalten.

Das SCHLOSS ist eine vieltürmige Anlage um einen fünfeckigen Hof und wurde an der Stelle der Obotritenburg auf einer künstlich erweiterten Insel zwischen Schweriner- und Burgsee erbaut. Es zeigt sich als rechtes Stilkonglomerat, „ein bißchen Chambord und ein bißchen Walt Disney“. Vier Trakte an der Seeseite sind dem 16. Jahrhundert zuzurechnen: das sogenannte *Große Neue Haus* und das gleichzeitig umgestaltete *Bischofshaus*. Beide sind mit Terrakottendekoration aus der Werkstatt des Statius von Düren (wie im Fürstenhof zu Wismar und Schloß zu Gadebusch) und Staffelgiebeln mit Rundabschluß ausgestattet. Auch die von Johann Baptista Parr 1563 vollendete *Schloßkapelle* gehört in die Erstphase des Schloßbaus, (sie wurde später verändert). Das ganze Ensemble war von Bastionen umgeben.
Ein von Herzog Adolf Friedrich I. später geplanter grundlegender Neubau durch den Emdener Baumeister Ghert Evert Piloot im Stil niederländischer Renaissance von bestechender Einheitlichkeit mußte wegen des Ausbruchs des Dreißigjährigen Krieges gestoppt werden. Während der Jahre der Verlegung der Residenz nach Ludwigslust geriet das Schloß bis 1837 an den Rand des Verfalls und wurde unbewohnbar. 1842 entschied sich Großherzog Friedrich Franz II. für eine grundlegende Restaurierung und Erneuerung. Alles außer den Kerngebäuden (Großes Neues Haus, Bischofshaus, Kirchenhaus und Küchenhaus) wurde abgerissen und von Georg Adolph Demmler und Friedrich August Stüler unter Beratung von Gottfried Semper 1843–1857 in Neorenaissancestil neu erbaut. Als Vorbild fungierte das Loireschloß Chambord.
Bei diesen Arbeiten wurde der *Turm* an der Seeseite angefügt und der Terrakottenschmuck an einigen Giebeln erneuert. Neben dem Portal steht das von Christian Daniel Rauch geschaffene *Bronzestandbild* des Großherzogs Paul Friedrich. Die heutige Erscheinung ist Zeugnis der romantisierenden, historisch-eklektizistischen Baugesinnung der Mitte des 19. Jahrhunderts. 1913 zerstörte ein Brand etwa ein Drittel

In dem figurenreichen Park des Schweriner Schlosses findet sich eine Reiterstatue für Niklot I., den slawischen Obotriten-Herrscher des 12. Jahrhunderts, der im Kampf um die Herrschaft in Mecklenburg unterlag (oben). Der Architekt Georg Adolph Demmler gab seit 1842 dem Schweriner Schloß seine heutige Neorenaissancegestalt. Sein Bildnis malte Pauline Soltau im Jahre 1873. Es befindet sich in der staatlichen Gemäldesammlung Schwerin.

des Gebäudes, darunter auch den Goldenen Saal und das Haupttreppenhaus. Seit 1920 sind ununterbrochen Bauarbeiten in Gang.
Nach 1945 wurde das Schloß zunächst für Verwaltungszwecke und als Schule für Pädagogik genutzt. Seit 1974 wird wieder restauriert. Verschiedene Museen sind zur Zeit im Schloß untergebracht: Das Museum für Ur- und Frühgeschichte soll in Zukunft ausgelagert werden. Der ehemalige *Festsaal* wird heute als Konzertsaal genutzt. Einige Räume im Haupt- und zweiten Obergeschoß sind mittlerweile wieder in den früheren Zustand zurückversetzt worden und für die Besichtigung als *Schloßmuseum* zur Verfügung gestellt. Im Oktober 1990 zog der Landtag von Mecklenburg-Vorpommern in das Schloß und führte es somit wieder seiner eigentlichen Bestimmung zu: Regierungs- und Verwaltungssitz des Landes.
Das Inselschloß ist von einem *Burggarten* umgeben, der seltene Gehölze beherbergt. Über eine Brücke geht es von der Insel in den *Schloßpark,* der um eine Hauptachse, den Kreuzkanal, angelegt ist. Er präsentiert sich als ein Barockpark mit Wechsel von Freiflächen und Hainen, Wasserläufen, Kaskaden und 14 Gartenplastiken. Dabei handelt es sich um Kopien und Originale aus der Werkstatt Balthasar Permosers, die 1752 für Schwerin erworben wurden.
Der sogenannte ALTE GARTEN ist heute der verkehrsreiche Schloßvorplatz. Seit jeher wurde er als Festplatz der Stadt genutzt. Gebäude des 19. Jahrhunderts umgeben ihn; älter sind nur das sogenannte *Alte Palais,* ein Fachwerkbau von 1791–1799. Ursprünglich war er der Wohnsitz der Herzogwitwe und nach 1837 Wohnung des Großherzogs Paul Friedrich während des Umbaus des Schlosses durch Georg Adolph Demmler. Ferner der Neorenaissancebau des *Mecklenburgischen Staatstheaters* von Georg Daniel, das von 1883–1886 erbaut wurde, sowie das spätklassizistische *Staatliche Museum* mit gewaltiger Freitreppe, das Hermann Willebrand von 1877–1882 schuf.

„Ein bißchen Chambord, ein bißchen Walt Disney" – das kuriose Stilkonglomerat des Schweriner Schlosses bringt nicht nur die Restauratoren in Verlegenheit. Dennoch erweist es sich als Publikumsmagnet ersten Ranges. Weniger besucht, aber von hohem ästhetischem Reiz, sind der Burggarten und der weitläufige Barockpark mit ihrem Wechsel von Freiflächen und Hainen. Die Plastiken stammen aus der Werkstatt Balthasar Permosers.

Das KOLLEGIENGEBÄUDE in der Schloßstraße 2 ist der alte Regierungssitz. Es wurde anstelle des mittelalterlichen Franziskanerklosters 1825–1834 nach Plänen Georg Adolph Demmlers als klassizistische Dreiflügelanlage über rustiziertem Erdgeschoß errichtet. Architektonisch lehnt es sich an das Schinkelsche Berliner Schauspielhaus an. Die weit hervortretenden Seitentrakte sind mit Dreiecksgiebeln abgeschlossen, der Mittelteil durch Säulenportikus und Giebel betont. 1890 erweiterte Georg Daniel die Anlage um ein weiteres Regierungsgebäude (Schloßstraße 4–8).
Der quadratische MARKT ist von bedeutenden Gebäuden umgeben: Das ALTSTÄDTISCHE RATHAUS brannte viermal ab, bevor es aus vier einfachen Fachwerkhäusern des 17. Jahrhunderts zusammengefaßt wurde, denen Demmler 1835 eine neugotische Fassade vorblendete. Er krönte sie mit einem kleinen goldenen Reiter aus dem Schweriner Wappen, der wohl vom Rathaus der Renaissancezeit stammt. Zwei Giebel auf der Rückseite machen dieses bauliche Kuriosum erkennbar.
Durch einen Gewölbedurchgang erreicht man den beliebten SCHLACHTERMARKT, einen engen Platz mit historischem Flair, durch Nachbauten und Hausrekonstruktionen des 16. und 17. Jahrhunderts sowie einen Brunnen entstanden.
Das klassizistische NEUE GEBÄUDE an der Nordseite des Markts baute Johann Joachim Busch 1783–1786 als zweigeschossigen Putzbau von elf Achsen. Es war zunächst als Markt für Händler und Handwerker (u. a. Tuch- und Mehlhändler, Uhrmachermeister) konzipiert. Am oberen Querbalken weisen Merkurstab und Rad symbolisch auf seine Bestimmung hin. Die Front besitzt 14 dorische Säulen mit Attika. Sie trug dem Bau den Beinamen „Säulengebäude" ein. Heute ist das Neue Gebäude Außenstelle des Historischen Museums und Ort für Sonderausstellungen.
Vor dem Neuen Gebäude ist eine Eisenplastik-Gruppe plaziert, eine Arbeit, die der Lübecker Bildhauer Guillermo im Jahre 1990 schuf. DER RUNDE TISCH ist eine anrührende

Das klassizistische Kollegiengebäude in Schwerin (oben), ein Demmler-Bau in Anlehnung an Schinkels Berliner Schauspielhaus, war ehemals Regierungssitz. Daß das Rathaus am Markt (unten) aus vier einfachen Fachwerkhäusern zusammengefaßt ist, ist der historisierenden Fassade mit Zinnen und goldener Reiterstatue nicht anzusehen.

Assoziation der Rodinschen Bürger von Calais. In der Fußgängerpassage Großer Moor ist ein Kunstwerk aus sozialistischer Zeit aufgestellt: ein farbiger RELIEFBLOCK von 1984 mit Szenen der Stadtgeschichte.
Das NEUSTÄDTISCHE RATHAUS am Schelfmarkt wurde Mitte des 18. Jahrhunderts als Fachwerk-Wohnhaus errichtet. 1776 erhielt es eine Putzfassade mit neun Achsen und eine repräsentative Freitreppe sowie ein Mansarddach. Innen befindet sich ein sehenswertes *Treppenhaus.*
Um den SCHELFMARKT gruppiert sich viel historische Bausubstanz; schöne alte Häuser, die der letzte Stadtbrand von 1651 verschonte, die aber in jüngster Vergangenheit sehr gelitten haben und in beklagenswertem Zustand sind, soweit sie nicht ohnehin abgerissen wurden. In der *Lindenstraße 9* wurde Graf Adolf Friedrich von Schack geboren, im Eckhaus *Kirchenstraße 2* wohnte der Komponist Friedrich von Flotow, der 1858–1863 Intendant des Schweriner Hoftheaters war.
Der MARSTALL (Werderstraße) wurde 1838–1843 von Georg Adolph Demmler als ausgedehnte Vierflügelanlage mit Binnenhof in klassizistischen Formen erbaut. Er war auf eine der Hauptachsen der Stadt ausgelegt und wurde überwiegend für kulturelle Zwecke genutzt.
Die ehemalige MÜNZE, Münzstraße 8, entstand nach 1759 als zweigeschossiger Putzbau von 13 Achsen mit vorgezogenem Treppenhaus.
Das ARSENAL ist am Westufer des Pfaffenteiches gelegen, des einzigen künstlichen Sees von Schwerin. Es entstand 1840–1844 gleichzeitig mit dem Marstall und ebenfalls nach Plänen von Demmler, allerdings in Formen der Tudorgotik und der italienischen Renaissance.
BAROCKE PALAISBAUTEN sind in der Puschkinstraße zu finden: das *Brandensteinsche Haus* und das *ehemalige Ministerpalais* sowie das *Neustädtische* oder *Marienpalais* von Johann Joachim Busch, das 1878 durch Hermann Willebrand in den Formen der Neorenaissance umgebaut wurde. An älteren

Über den Schweriner See mit der „weißen Flotte“ der Ausflugsdampfer fällt der Blick auf die klassizistische Vierflügelanlage des Marstalls.

Wohnhausbauten hat sich wegen der Stadtbrände in der Altstadt nichts erhalten, außer dem ehemaligen *Domhof* in der Puschkinstraße 34, einem zweigeschossigen Fachwerkbau von 1574, der somit der älteste Profanbau der Stadt ist. Ein reicher Bestand an WOHNHÄUSERN DES 17. BIS 19. JAHRHUNDERTS ist vorhanden, meist wurde den Fachwerkhäusern allerdings eine Putzfassade vorgeblendet. Beispiele sind in den Straßen *Großer Moor,* in der *Schlachterstraße, Schmiedestraße, Schliemannstraße, Puschkinstraße* und am *Schelfmarkt* zu sehen. Nach der Mitte des 19. Jahrhunderts entstanden zahlreiche klassizistische Bauten unter Einfluß Georg Adolph Demmlers.

Im Jagdschloß FRIEDRICHSTHAL in Schwerin Lankow, das 1790 als zweigeschossiger Fachwerkbau von elf Achsen mit vorgezogenem Mittelteil, Balkon und Giebel und später angefügten halbrunden Flügelbauten in Fachwerk errichtet wurde, ist ein Altenheim einquartiert. Die französische Bildtapete, die nach Entwurf von Charles Vernet 1815 in Paris gedruckt wurde, befindet sich heute im Jagdschloß Friedrichsmoor bei Ludwigslust.

Das STAATLICHE MUSEUM, KUNSTSAMMLUNGEN, SCHLÖSSER UND GÄRTEN (Galeriegebäude Alter Graben 3; Tel. 7581; Di–So 10–17 Uhr) ist in einem repräsentativen klassizistischen Bau am Alten Graben untergebracht, der von Demmler als herzogliches Palais begonnen und 1877–1882 durch Hermann Willebrand als Galeriebau vollendet wurde. Die Fassade zeigt antike und italienische Stilelemente, vor allem eine prägnante vorspringende Säulenhalle im Obergeschoß, die nach 1900 mit der angefügten Auffahrt und Freitreppe zum Portal umgestaltet wurde.

Dieses bedeutendste Kunstmuseum in Mecklenburg-Vorpommern verfügt über eine Sammlung von mehr als 3.200 Gemälden, 35.000 Grafiken und circa 8.000 Handzeichnungen, deren Ursprung auf die Sammelleidenschaft von Herzog Christian II. Ludwig (1683–1756) zurückgeht. Schwerpunkte bilden darin die reiche Kollektion an Werken *hollän-*

Eine ausladende Freitreppe führt zum Eingang des Galeriegebäudes, das die bedeutende Kunstsammlung Schwerins birgt. Die Fassade zeigt antike und italienische Stilelemente. Hier werden Gemälde, Graphiken und Zeichnungen aus der Sammlung des Herzogs Christian II. Ludwig, aber auch kunstgewerbliche Sammlungen präsentiert. Zu den Glanzlichtern der Ausstellung gehört die bekannte „Torwache“, die Carel Fabritius im Jahre 1654 malte (kleines Bild).

discher und flämischer Meister des 17. Jahrhunderts, mittelalterlicher Kunst Mecklenburgs (z. B. die sehr schönen Malseiten des Neustädter Altars der St. Jakobi-Kirche in Lübeck von 1435, die Skulpturen aus dem Benediktinerkloster Dobbertin von 1436, der Flügelaltar aus Tempzin) und *deutscher Malerei vom 18. Jahrhundert bis in die Gegenwart.*
Bekannte Bilder sind: die *„Torwache" von Carel Fabritius, von Rembrandt das „Brustbild eines alten Mannes" und zwei Knabenporträts von Frans Hals.* Jacob van Ruisdael, Aert van der Neer, Ludolf Backhuyzen, Jan Steen, Gerard Terborch, Rubens und Jordaens sind vertreten.
Die Neuzeit wird von Corinth und Liebermann und Büsten von Houdon repräsentiert. Seit den 50er Jahren gehört auch DDR-Kunst zum Bestand, die leider zur Zeit ins Magazin verbannt ist.
Die *kunstgewerbliche Sammlung* an Möbeln, Meißner Porzellan, Gold- und Silberschmiede sowie Elfenbeinarbeiten wird in einem anderen Teil des Gebäudes gezeigt. Münzen, Medaillen, Textilien, Briefmarken, Keramik, Jagd- und Prunkwaffen komplettieren die umfangreichen Bestände.
Das MUSEUM FÜR UR- UND FRÜHGESCHICHTE (Schloß, Lennéstr. 1, Burgseeflügel; Tel. 8 38 42; Di–So 10–17 Uhr) ist eine relativ junge Einrichtung. Bis 1952 existierte eine vorgeschichtliche Abteilung im Staatlichen Museum Schwerin. 1953 wurde das Museum zunächst als Forschungsstätte für die Bezirke Rostock, Schwerin und Neubrandenburg gegründet. Prompt zeigte sich rege Betriebsamkeit: Außenstellen in Waren und Stralsund wurden eingerichtet, Grabungen zur *Geschichte der Slawen und Germanen, zur Stein- und Bronzezeit und zum Mittelalter* durchgeführt. Mit den Jahren bereicherten rund 6.000 Fundkomplexe die Sammlung.
Seit 1962 ist das Museum im Burgseeflügel des Schweriner Schlosses etabliert. Seine Bestände sind mittlerweile so umfangreich, daß Regionalmuseen mit Leihgaben versorgt und daß bis 1984 eine Dauerausstellung im Galeriegebäude am Alten Garten bestückt werden konnte.

In der reichen Kollektion holländischer und flämischer Meister des 17. Jahrhunderts findet sich auch das „Bildnis eines alten Mannes", das Rembrandt Harmensz van Rijn schuf.

Seit 1988 besteht die gegenwärtige Präsentation im Schloß, die überlegt und pädagogisch aufbereitet, zahlreiche wertvolle Exponate im Kontext der kulturellen, wirtschaftlichen und religiösen Entwicklung Mecklenburgs von 10.000 v. Chr. bis ins 13. Jahrhundert n. Chr. vorführt. Es wird neben den konventionellen Ausstellungssmedien mit Illustrationen und Modellen gearbeitet. Ohne Übertreibung kann es eines der bestpräsentierten Museen in Mecklenburg-Vorpommern genannt werden.

Im SCHLOSSMUSEUM (Schloß, Lennéstr.1, Tel. 812865; Di–So 10–17 Uhr) sind seit 1976 die restaurierten Räume für Besucher wieder zugänglich. 1974 wurde der prächtige, überraschend pompöse *Thronsaal* fertiggestellt, der 1858 eingeweiht worden war. Mit seinen Freskodeckengemälden, den 40 Städtewappen des ehemaligen Großherzogtums und allegorischen Figuren bietet er ein Ensemble von großem Prunk mit viel Golddekoration, erlesenem Stuck und wunderbaren Intarsienböden.

1976 folgte die Restauration der *Ahnengalerie* (mit 29 Gemälden in zwei Räumen), später das schlichtere *Raucher- und Billardzimmer,* der *Speisesaal,* das *Tee- und Winterzimmer,* das *Blumenzimmer,* die *Bibliothek* mit trompe-l'œil-Parkett, der *Königssaal* und andere Räume. Sie vermitteln einen guten Eindruck vom höfischen Leben und Komfort im 19. Jahrhundert.

Am Ausgang steht der Besucher unvermutet vor dem historischen *Kolossalgemälde* von Theodor Schloepke, der 1855–1857 den letzten Kampf Niklots, des Obotritenfürsten und Stammvaters der Herzöge von Mecklenburg, gegen die Übermacht der Gefolgschaft Heinrichs des Löwen auf die Leinwand bannte. In der Galerie im Erdgeschoß sind *Gemälde von mecklenburgischen Künstlern im Zeitraum der letzten 200 Jahre* ausgestellt, darunter Arbeiten von Schweriner Hofmalern des 18. und 19. Jahrhunderts und Malerei des 20. Jahrhunderts. Aus diesem Sammelsurium ragen Persönlichkeiten wie Vera Kopetz, Ludwig Dettmann (*Landarbei-*

Im Schloßmuseum erhält der Besucher eine Vorstellung vergangener Herrscherpracht. Sei es die Ahnengalerie der Mecklenburger oder der prunkvolle Thronsaal (oben), dessen üppige Ausstattung mit prächtigem Golddekor, Stuck und wunderbaren Intarsienböden pompöse Machtpräsentation vor Augen führt.

terbegräbnis), Ernst Lübbert, Erich Venzner oder Otto Niemeyer-Holstein heraus.
Das TECHNISCHE LANDESMUSEUM (Schloß, Lennéstr.1; Burggarten; Tel. 86 16 88; Juni–Aug., Mo–Fr 10–16 Uhr; Sa, So und an Feiertagen 12–16 Uhr; Sept.–Mai, tägl. 12–16 Uhr; wochentags werden um 10 Uhr interessante Modelle in Funktion gezeigt) entstand 1961 und ist auf dem Gebiet der ehemaligen DDR mit seinem breiten Überblick über die Entwicklung von Technik und Produktion einzigartig. Wie das Deutsche Museum in München ist es ein Museum „zum Anfassen".
Anhand von Modellen und Ensembles wird das *Thema Mensch und Technik* in Bereichen wie Elektrotechnik, Mikroelektronik, Energiequellen und deren Anwendung, Transport und Verkehr veranschaulicht. So wird die Entwicklung der Wärmekraftmaschinen ebenso demonstriert wie die der Landwirtschaft und Landtechnik. Außerdem finden *technikbezogene Sonderausstellungen* statt. Eine der Attraktionen des Hauses ist das Modell der Lokomotive „Friedrich Franz" im Maßstab 1:5, das erstmals 1911 anläßlich der Mecklenburgischen Gewerbe- und Industrieausstellung vorgeführt wurde.
Das HISTORISCHE MUSEUM SCHWERIN (Großer Moor 38; Tel. 81 24 16; Di–So 10–17 Uhr) befindet sich seit der 825-Jahr-Feier Schwerins im Jahre 1985 in einem alten Fachwerkbau der Altstadt, in dem Teile einer *spätklassizistischen Raumdekoration* aus der Zeit um 1800, die in Leimfarbenmalerei auf Putz einen antiken Hafen und Landschaft vorstellt, entdeckt worden waren. Sie wurde mit Biedermeiermobiliar zu einem Ensemble komplettiert. Ausgestellt sind ferner Zeugnisse der *Geschichte des mecklenburgischen Bürgertums* und der Entwicklung des Stadtteils Großer Moor. Das Museum präsentierte bisher auch die Geschichte und Entwicklung der regionalen Arbeiterbewegung. Es wird vermutlich in Zukunft umgestaltet.
Das HISTORISCHE MUSEUM, Neues Gebäude am Markt (Tel.

864381, Öffnungszeiten wie Großer Moor 38) ist seit 1990 dem Historischen Museum Schwerin beigeordnet. Hier wird eine *stadtgeschichtliche Dokumentation* präsentiert, die den Zeitraum von der Gründung bis 1945 einschließt. Außerdem finden Wechselausstellungen statt.

Das TECHNISCHE MUSEUM SCHLEIFMÜHLE (Schleifmühlenweg 1, Tel. 864538; April–Nov., Di–So 9–17 Uhr) am Ende des Faulen Sees und im Schloßgarten gelegen, ist eine weitere Außenstelle des Historischen Museums Schwerin. Seit Juni 1985 ist die restaurierte alte Wassermühle mit unterschlächtigem Wasserrad und verschiedenen Benutzungsfunktionen des Mahlens wieder in Betrieb – als Museum.

Als Pulvermühle geplant, wurde sie 1705 als Lohgerbermühle eingerichtet und 1718 zu einer Graupenmühle umgebaut. Wenig später, 1755, diente sie schließlich als Steinschleifmühle. In dieser Funktion arbeitet sie auch heute wieder. Im Obergeschoß werden in einer Ausstellung Geschichte und Benutzungstechniken dokumentiert, während im Erdgeschoß die geräuschvolle Praxis der Steinsäge bei den täglichen Vorführungen zu hören und zu beobachten ist.

Das MECKLENBURGISCHE VOLKSKUNDEMUSEUM, Schausammlungen zur mecklenburgischen Volkskultur und Volkskunde (Mecklenburgstr. 28; Tel. 812298; Juni–Sept., Di–So 9–17 Uhr) rekrutiert den Kern seines Bestandes aus der Sammlung des Volkskundlers Richard Wossidlo (1859–1939), der 1922 dem Freistaat Mecklenburg-Schwerin circa 3.400 Objekte übereignete. Alles, was *Handwerk und Volksbrauchtum* an Kultur und Kunst hervorgebracht haben, ist hier gesammelt: Bauernmöbel, Keramik, Zinn, Messing- und Kupfergeräte, Textilien, Handwerksgeräte, Zunftinsignien, Haubenschachteln aus Span, Spielzeug usw. In der Ausstellung im ersten Stock des Jugenstilhauses befindet sich neben einer Wossidlo-Würdigung eine landesgeschichtliche Einführung in das Sammlungsgebiet, eine Schuhmacherwerkstatt und andere Ensembles aus Handwerk und kleinstädtischem Leben des 19. Jahrhunderts.

Das Freilichtmuseum in Schwerin Muess (Richtung Parchim an der 321 an der südlichen Peripherie, Tel. 21 30 11, Mitte April–Anfang Nov., Di–So 10–18 Uhr; Nov.–April nur nach Voranmeldung) ist Außenstelle des Mecklenburgischen Volkskundemuseums im ursprünglichen Ortskern des ehemaligen Bauern- und Fischerdorfes Mueß. Es liegt in reizvoller Landschaft am Schweriner See und gehört seit 1936 zu Schwerin. Das Museum umfaßt über 20 Objekte. Außer dem *Hallenhaus aus dem 17. Jahrhundert* mit Scheune, das den Ursprung bildete, sind im Lauf der Jahre weitere Objekte dazugekommen: eine *Scheune* mit Ackergeräten, eine *Büdnerei* mit Einrichtung von 1910, eine *Hirtenkate,* eine komplette *Dorfschmiede,* ein Spritzenhaus mit Dokumentation der örtlichen Feuerwehr, eine *Dorfschule* mit Scheune, in der die Flachsverarbeitung vorgeführt wird, ein *Backofen* und ein *Ziehbrunnen.* Im *Bauern- und Kräutergarten* werden die regionalen Heil-, Gewürz- und Nutzpflanzen angebaut, wie sie in der Vergangenheit kultiviert wurden.
Eine permanente *Ausstellung zur Binnenfischerei* im Schweriner Raum ist in der Kunstkate zu sehen (neben Wechselausstellungen). Im Sommer werden eine Reihe themenbezogener Veranstaltungen, ein Museumsfest und pädagogische Vorführungen handwerklicher und bäuerlicher Arbeitstechniken durchgeführt.
Die Galerie am Pfaffenteich veranstaltet Ausstellungen.

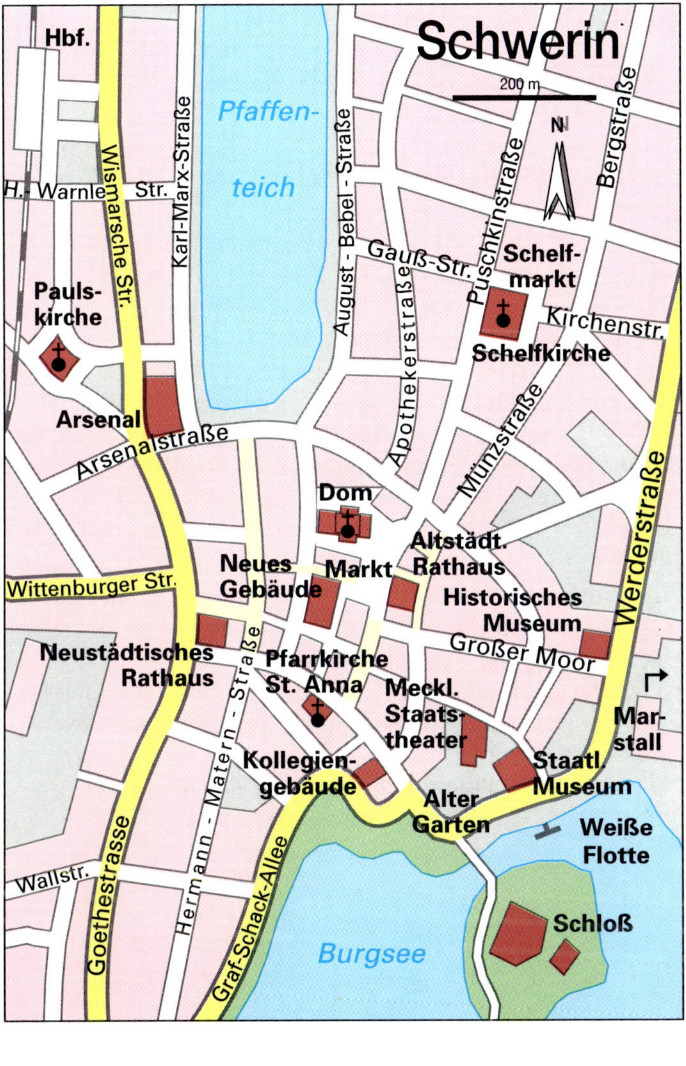
Schwerin
200 m
N
Hbf.
Pfaffen-
teich
H.-Warnke-Str.
Wismarsche Str.
Karl-Marx-Straße
August-Bebel-Straße
Puschkinstraße
Bergstraße
Gauß-Str.
Schelf-
markt
Kirchenstr.
Schelfkirche
Apothekerstraße
Münzstraße
Pauls-
kirche
Arsenal
Arsenalstraße
Dom
Altstädt.
Rathaus
Neues
Gebäude
Markt
Historisches
Museum
Werderstraße
Wittenburger Str.
Großer Moor
Neustädtisches
Rathaus
Pfarrkirche
St. Anna
Meckl.
Staats-
theater
Mar-
stall
Hermann-Matern-Straße
Kollegien-
gebäude
Staatl.
Museum
Alter
Garten
Weiße
Flotte
Wallstr.
Goethestrasse
Graf-Schack-Allee
Schloß
Burgsee

Östlich und südöstlich des Schweriner Sees

Tempzin

nördlich der Einmündung der 104 in die 192, nordwestlich von Sternberg

Im Jahr 1222 ließen sich Antoniter in Tempzin nieder und errichteten (wohl als Zweitbau) im 15. und 16. Jahrhundert die dreischiffige, beinahe quadratische BACKSTEIN-HALLENKIRCHE, einen spätgotischen Raum von überraschender Weite. Ihr Außenbau zeigt sich schlicht mit abgetreppten Strebepfeilern. Eindrucksvoll erweist sich die Westfassade, in der das Portal durch eine mächtige viergeschossige Nische herausgehoben wird. Ein Treppenturm ist danebengesetzt, ein zierliches Giebeltürmchen darüber. Fensterleibungen und Portale sind mit schwarzglasierten Ziegeln im Streifenmuster geschmückt. Der Chor hat Mittelschiffsbreite und einen dreiseitigen Abschluß. Überraschend schöne Stern- und Netzgewölbe decken die Schiffe. Im Chor stehen sie auf Konsolen mit figürlichem Abschluß. An der südlichen Seitenschiffswand finden sich Reste mittelalterlicher *Wandmalerei.*

Von der alten Ausstattung ist nicht viel erhalten. Am bedeutendsten dürfte die monumentale überlebensgroße *Figur des Kirchenpatrons,* des Hl. Antonius, sein. Sie stammt aus der zweiten Hälfte des 15. Jahrhunderts und ist wohl in einer Rostocker Werkstatt gefertigt worden. Das hölzerne *Triumphkreuz* verlor den Corpus, trägt aber in den Ecken noch die aufgemalten Evangelistensymbole. Der wertvolle *Flügelaltar* von 1411 wurde in das Staatliche Museum Schwerin gebracht; der *Altar* vor Ort ist neugotisch.

Die Kirche ist in schlechtem Zustand. Zerbrochene Fensterscheiben müßten ersetzt und Feuchtigkeitsschäden beseitigt, das ganze Gebäude saniert werden.

Wismar
Züsow
Selow
Neukloster
144
Bützow
Warnow
Zurow
Hohe Burg
Dorf
Mecklenburg
192
Mecklenburgische
106
Warin
Warnow
Bad Kleinen
Tarnow
104
Tempzin
Groß Raden
Schweriner
See
Brüel
Witzin
Lohmen
Lübstorf
104
Sternberg
Seenplatte
192
Dobbertin
SCHWERIN
Bülow
Mestlin
Goldberg
Crivitz
241
Zölkow
Friedrichs-
ruhe
Warnow
Plate
Störkanal
Tramm
Frauenmark
106
321
Lübz
191
Parchim

Groß Raden

nordöstlich von Sternberg, nördlich des Sternberger Sees

Das Archäologische Freilichtmuseum Groß Raden (Mai–Okt., täglich 10–17.30 Uhr) hat eine interessante Geschichte: Die Existenz eines aus altslawischer Zeit erhaltenen kreisförmigen Burgwalls auf einer Halbinsel des Sternberger Sees veranlaßte den Leiter des Schweriner Museums für Ur- und Frühgeschichte, Prof. Ewald Schuldt (1914–1987), zu umfangreichen Ausgrabungen in den Jahren 1973–1980. Man fand auf dem Gelände von circa 7.000 qm die Anlage einer *slawischen Kultstätte und Tempelburg mit vorgelagerter Wohnsiedlung* aus dem 9. und 10. Jahrhundert und darin beinahe 95.000 Fundstücke an Handwerks-, Gebrauchs- und Kultgeräten. Ein Teil davon ist in dem Museumsgebäude am Zugang des Geländes in einer Dauerausstellung zu Kultur und Geschichte der nordwestslawischen Stämme zu besichtigen. Auf den alten Fundamenten wurde von 1981–1987 außerdem das archäologische Freilichtmuseum *Altslawischer Tempelort* rekonstruiert. Es ist zusammen mit der älteren slawischen Siedlung aus der Zeit um die Mitte des 9. Jahrhunderts zu besichtigen, die außer Flechtwerkhäusern eine Kulthalle und einen umgebenden Flechtzaun besaß und aufgrund der fehlenden Stallanlagen eine Tempelsiedlung gewesen sein könnte.

Sie wurde zerstört, im 10. Jahrhundert wiederaufgebaut und mit Blockhäusern, Arbeitshäusern (Weber- und Brückenhaus) ergänzt. Außerdem entstand in nächster Nähe eine *Burg* mit einem acht Meter hohen *Schutzwall,* die vermutlich das Heiligtum schützen sollte. Ein Torhaus, der Festungswall mit Wehrgang und eine Anlegebrücke wurden rekonstruiert. Das Freilichtmuseum ist sehr informativ aufgebaut und strukturiert und in seiner Art einzigartig. Leider hat man nicht durchgängig auf Materialgerechtigkeit geachtet und Lehmschlag durch Beton ersetzt. Der Parkplatz liegt circa zwei km vor dem Eingang, zu dem ein hübscher Waldweg führt.

Das archäologische Freilichtmuseum in Groß Raden ist in seiner Art einzigartig. Es enthält einen rekonstruierten altslawischen Tempelort, die Rekonstruktion einer älteren slawischen Siedlung mit Burg und Schutzwall und ein Museumsgebäude mit Ausstellung der Fundstücke und Informationen zur Geschichte der slawischen Besiedlung.

Die Antoniterkirche in Tempzin (unten) bewahrte ihre überraschend schönen Stern- und Netzgewölbe, die zum Teil auf figürlichen Diensten ruhen. Leider ist sonst in der alten, feuchten Kirche wenig von der ehemaligen Ausstattung erhalten.

Sternberg

am Schnittpunkt der 104 mit der 192

Sternberg hat eine lange Geschichte. Seine Gründung geht auf Pribislaw I. von Parchim in der Zeit zwischen 1240 und 1250 zurück. Es war schon bald Residenz der mecklenburgischen Landesherren, auch Heinrichs des Löwen. Nach einem verheerenden Brand im Jahre 1309 wurde die Stadt neu erbaut und erhielt ein weiteres Mal das Stadtrecht. Als die Fürstenlinie ausstarb, verfiel das Schloß. Seit 1492 war die Stadt ein bekannter Wallfahrtsort (zum Hl. Blut) und verfügte dadurch bis zur Reformation über bedeutende Einkünfte. Seit 1572 erhielt sie neue Bedeutung als Tagungsort des mecklenburgischen Landtags. Bis 1918 versammelte sich der Landtag wechselweise in Malchin und Sternberg. Der heutigen Kreisstadt mit ihren 6.000 Einwohnern ist ihre frühere Bedeutung nicht mehr anzumerken.

Die STADTKIRCHE ST. MARIA UND ST. NIKOLAUS wurde im 13.–14. Jahrhundert als dreischiffige Halle mit schlankem, einheitlich schönem Innenraum und geradem Chorschluß errichtet. Der gewaltige Turm wurde 1322 begonnen, besitzt Mittelschiffsbreite und ist kräftig mit Blenden gegliedert. Strebepfeiler und drei detaillierte Portale in rechteckigen Rahmen gliedern das Äußere. Im Innern decken gebuste Kreuzrippengewölbe die Schiffe. An die Südseite ist seit 1496 die *Hl.-Blut-Kapelle* angefügt. Sie war bis 1562 Mittelpunkt einer bedeutenden Wallfahrtsstätte und wird heute als Taufraum genutzt. Die Pfeilerbemalung aus dem 14. Jahrhundert wurde 1895 freigelegt und erneuert. Sie zeigt unten geometrische Muster, oben einige Wappen. An der Ostwand finden sich *Malereien* aus der gleichen Zeit: Christus als Weltenrichter zwischen Heiligen und eine Kreuzigungsgruppe.

Neben der durchgehend neugotischen Einrichtung befinden sich in der Vorhalle zur Hl.-Blut-Kapelle Reste der ehemals barocken Einrichtung: ein großer *Altar* von 1747 mit einem Ölberggemälde sowie eine *Kanzel* mit reichem barockem Ornament und Engeln auf dem Deckel, die zum jüngsten

Mächtig überragt der 1322 begonnene Turm der Stadtkirche St. Maria und St. Nikolaus in Sternberg das Häusergewirr zu seinen Füßen. Bis 1562 war die Kirche mit der Hl.-Blut-Kapelle eine bedeutende Wallfahrtsstätte.

Gericht blasen. Es findet sich außerdem eine Eichenholztafel mit dem *Relief einer Judenverbrennung.* In der Sakristei steht ein kleiner *Schnitzaltar* mit Georgsmotiven von circa 1500. Verschiedene *Grabtafeln* gehören zur Kirchenausstattung, u. a. die des Th. v. Plessen, der 1576 starb. Sie ist in der Art Philipp Brandins gearbeitet. Im Turm ist in einem 1896 vollendeten *Kolossalgemälde* von Fritz Greve die Verkündung der Reformation am 20. 6. 1549 durch die Ständevertretung an der Sagsdorfer Brücke nördlich der Stadt dargestellt.

Der rechteckige MARKT aus dem 13. Jahrhundert in der Mitte der alten Kleinstadt zeigt noch eine *geschlossene Fachwerkbebauung des 18. und 19. Jahrhunderts.* Von der STADTBEFESTIGUNG haben sich als Erinnerung an die strategisch hervorragende Lage der Stadt auf einem Hügel ein kleiner *Teil der Stadtmauer* und das mittelalterliche *Mühlentor,* ein einfacher gotischer Bau im Osten der Stadt, erhalten.

Das HEIMATMUSEUM (Mühlenstraße 6, Tel. 2161; Mai–Sept., Di–Fr 10–12 und 13–16 Uhr; Sa 9–12 Uhr; Okt.–April, Mi 10–16 Uhr und nach Vereinbarung, am Wochende geschlossen), befindet sich nahe den alten Stadtbefestigungsresten. Es ist in einem Gebäude untergebracht, das Heinrich der Löwe als *Wirtschaftsgebäude des Fürstenhofs* errichten ließ.

Die Ausstellung zeigt Bestände zur Ur- und Frühgeschichte des Kreises, Exponate zur Stadtgeschichte, zur Entwicklung von Zünften und Handwerk (z. B. das schöne braune Waldglas, eine regionale Besonderheit), zu Volkskultur und bürgerlicher Wohnkultur im 19. Jahrhundert. Darüber hinaus sind Dokumente zur mecklenburgischen Geschichte aus den Sitzungen des Landtags präsentiert, darunter auch ein Brief Martin Luthers. Ein Diorama führt die Verkündung der Reformation für Mecklenburg an der Sagsdorfer Brücke vor Augen.

Eine *geologische Sammlung,* in deren Zentrum der berühmte „Sternberger Kuchen“, ein vielschichtiges Stück Tertiärgeschiebe, steht, ist im Aufbau. Außerdem ist der erste Fri-

Die geometrische Pfeilerbemalung der Sternberger Kirche stammt aus dem 14. Jahrhundert. Sie wurde 1895 freigelegt und erneuert. Unten das sogenannte „Judenholz“, eine Eichentafel von 1492, die von einer Judenverbrennung berichtet.

seursalon von Sternberg zu besichtigen. Auf dem Hof des vielseitigen Museums sind Exponate zur bäuerlichen Kultur der Gegend ausgestellt.

Bülow

östlich von Crivitz und der 321

Das SCHLOSS wurde 1746 erbaut und im 19. Jahrhundert verändert. Heute präsentiert es sich als zweigeschossiger Putzbau mit Mezzaningeschoß von 13 Achsen, dreiachsigem Mittelrisalit und einachsigen Eckrisaliten mit turmartigen Aufsätzen. Im Mittelrisalit ist das plastische Wappen des Erbauers angebracht. Im ersten Obergeschoß befindet sich ein *Festsaal,* dessen Wände durch Zwillingspilaster aus Stuckmarmor und lebendige Wandstukkaturen aus der Gründungszeit gegliedert werden. Heute sind hier das Gemeindeamt und Wohnungen untergebracht. Der Bau präsentiert sich in düsterem Grau.

Crivitz

südöstlich von Schwerin an der 321

Die Stadtgründung erfolgte zwischen 1251 und 1279 durch die Schweriner Grafen in Anlehnung an eine inzwischen untergegangene Burg auf nahezu kreisförmigem Grundriß mit quadratischem Markt. Ein Mauerring, der teilweise bei einem Brand im Jahre 1660 zerstört und im 18. Jahrhundert vollends abgebrochen wurde, umgab die Siedlung. 1704 brannte das Rathaus am Markt ab.

Die STADTKIRCHE ist eine dreischiffige Backsteinhalle von schweren Proportionen mit dreiseitig geschlossenem Chor, die im 14. Jahrhundert erbaut wurde. Dabei blieb der Chor niedriger als das Langhaus und erhielt ein schönes Netzgewölbe. Das Langhaus wurde im 19. Jahrhundert verändert.

Bedeutende Fragmente von *Wandmalereien* verschiedener Zeiten finden sich an den Langhauswänden: Im Chor ist ein umfangreicher Zyklus von 1380 zu sehen, der 1950 entdeckt wurde. Er zeigt Motive zum Leben Christi an der

Der spätgotische, elegante Madonnenaltar (oben) in der Stadtkirche von Crivitz stammt aus Teterow. Die prachtvolle Renaissancekanzel (unten) mit aufwendigem Beschlagwerk kommt ebenfalls nicht aus Crivitz, sondern gelangte aus Wittenburg hierher.

Südwand, zwischen den Fenstern Apostel, auf der Nordwand weitere Christusszenen und eine Schutzmantelmadonna.
Fein und elegant gearbeitet ist der spätgotische *Schnitzaltar* aus dem 16. Jahrhundert, der aus Teterow stammt und auf dem die Madonna im Strahlenkranz dominierend im Mittelteil erscheint. In den Flügeln stehen je vier Heilige unter zartem Rankenwerk. Die Rückseiten zeigen Gemälde zu den Heiligenlegenden.
Außerdem gehört eine prächtige hölzerne *Renaissancekanzel* mit aufwendigem Beschlagwerkornament, die 1748 aus Wittenburg übernommen wurde, zur Ausstattung. Ein gotisches *Triumphkruzifix* hängt hinter dem Triumphbogen, die *Granittaufe* stammt aus dem 14. Jahrhundert.
Der Westturm erhält einen neuen Helm und die Kirche ein neues Dach, nachdem die Nässe schwere Schäden verursacht hatte.

Frauenmark

südöstlich von Crivitz nahe der 321, Abfahrt Goldenbow

Die schöne DORFKIRCHE entstand vor der Mitte des 13. Jahrhunderts; sie ist das seltene Beispiel eines vollständigen spätromanischen Feldsteinbaus in Mecklenburg. Der Chor ist eingezogen, mündet in eine runde Apsis und zeigt Rundbogenfenster. Das kurze Schiff und der unvollendete Turm sind von gleicher Breite. Nur der Ostgiebel wurde später angefügt. Die Fenster sind von Ziegeln umrahmt.
Apsis und Chor tragen kuppelige Kreuzgratgewölbe, das Schiff ist flachgedeckt. Reste frühgotischer *Wandmalereien* wurden 1972 freigelegt. Ein schöner *Schnitzaltar* vom Ende des 15. Jahrhunderts weist im Schrein eine von Engeln gekrönte Madonna im Strahlenkranz auf; der Wolkenrand ist mit den Leidenssymbolen und musizierenden Engeln versehen; in den Flügeln stehen Heilige. Das gotisch-schlanke *Kruzifix* stammt aus dem 15. Jahrhundert.

In Frauenmark stellt die Dorfkirche das seltene Beispiel eines spätromanischen Feldsteinbaus dar. Der hier abgebildete Ostgiebel wurde später angefügt und zeigt gotische Formen. Ein schönes Triumphkreuz und ein hochgotischer Schnitzaltar gehören ebenso zur Ausstattung wie Reste frühgotischer Wandmalerei.

Von Boizenburg nach Ludwigslust

Boizenburg

westlich von Lauenburg, an der Elbe und an der 5

Der Ort entstand im Schutz einer 1170 erwähnten Burg, die hier an Elbe und Boize zur Abwehr slawischer Übergriffe errichtet worden war. Sie fußt auf fünfeckigem Grundriß mit gitterförmigem Straßennetz und großem Markt. 1709 vernichtete ein Brand die gesamte Bebauung. Der *Stadtgraben* und die *Wallanlage* (heute Promenade) sind die einzigen Zeugen der ehemals starken BEFESTIGUNG mit zwei Toren. Der ruhige kleine Ort vermittelt mit seinen alten Kopfsteinstraßen und Fachwerkhäusern noch heute den beschaulichen Charakter vergangener Zeiten.

Das RATHAUS ist ein reizvoller zweigeschossiger Fachwerkbau von 1711, mit schmaler Laube und Mittelerker an der Schauseite. Das abgewalmte Dach trägt ein Türmchen.

Das HEIMATMUSEUM BOIZENBURG (Kirchplatz 13; Tel. 2634; Di–Fr 10–12 und 14–16 Uhr; So 14–16 Uhr) ist in einem der wenigen bedeutenden Altbauten der Stadt untergebracht: ein früheres *Geschäftshaus mit Barockfassade* aus dem 18. Jahrhundert. Hier werden Dokumente zur Geschichte und Entwicklung Boizenburgs mit Hausrat, Kleidung, Militaria, Münzen, Gerätschaften usw. gezeigt. Schwerpunkte bilden die Geschichte der Schiffswerft, die seit 1793 existiert, und die Volkskunst der Region.

Zarrentin

am Südende des Schaalsees, an der 195 nordöstlich von Boizenburg

Im Jahr 1250 wurde in Zarrentin ein Zisterzienser-Nonnenkloster gegründet, das 1555 wieder aufgehoben wurde.

Die KLOSTERKIRCHE (Besichtigung Sa und So 13–16 Uhr)

Stadtgraben und Wallanlage erinnern in Boizenburg noch heute an die Existenz einer Wehrburg des 12. Jahrhunderts und an die ehemals starke Befestigung der 1709 durch Brand vernichteten Ortschaft. Heute sind in dem beschaulichen Fachwerkort die Wehranlagen zu Spazierwegen umgewandelt.

Ratzeburg
208
Gade-
busch
207
Breiten-
felde
Mölln
Sterley
Schaal-
see
Düm
Gudow
Zarrentin
24
Witten-
burg
Dreilü
195
Büchen
Camin
Lehsen
Hagenow
Gresse
Zühr
Zahrensdf.
Pritzier
Vellahn
Boizen-
burg
Gülze
321
Lübthe
Bleckede
Neuhaus
Neetze
Darchau
Neu
Darchau
195
Dahlen-
burg
Kaarßen
216
Elbe
Göhrde
Hitzacker

SCHWERIN
Crivitz
Zölkow
241
321
Plate
Friedrichs-
ruhe
Tramm
Störkanal
106
321
Parchim
24
Wöbbelin
Spornitz
Neustadt-
Glewe
E 26
Blievens-
torf
efin
5
Ludwigslust
Karstädt
Grabow
Zierzow
Ziegen-
dorf
Eldena
Elde-Müritz-Wasserstr.
191
Dallmin
Groß
Warnow
5
Reetz
Karstädt
Mellen
Dömitz

ist ein schöner, mäßig gut erhaltener Bau mit einschiffigem Langhaus, der um 1460 auf Teilen eines Feldsteinvorgängerbaus errichtet wurde. Chor und Triumphbogen sind erhöht und außen mit Blendengiebel versehen. Bemerkenswert ist die Westseite, wo das Obergeschoß des Turms aus Fachwerk besteht und mit dem nach Westen vorgezogenen Langhausdach überdeckt ist. Ein Türmchen mit achtseitigem Helm krönt den Westbau. Zwischen den abgetreppten Strebepfeilern schließen sich Kapellen an das Schiff an. Im Chor haben sich mehrere *Wandgemälde* des 14. Jahrhunderts erhalten, die stark restauriert sind: Christus als Weltenrichter, die Marienkrönung, Kain und Abel, das Opfer Isaaks, Christophorus und weitere Heilige sind hier dargestellt.

Die *Kanzel* stammt aus Lübeck, wurde 1668 gefertigt und 1699 erworben. Ihre Intarsientür rahmt eine reiche Architektur; an der Brüstung des Kanzelkorbs finden sich fünf Reliefs in unruhigem Gewandstil.

Den *Altaraufsatz* schuf Heinrich Johann Bülle 1733, die Gemälde darin J. A. Maschmann: Im Sockel ist ein Abendmahl, im Mittelteil ein geschnitztes Kruzifix vor gemalter Architektur und im Obergeschoß die Grablegung zu sehen. Seitlich begleiten die vier Evangelisten und oben der triumphierende Christus das Programm. Zu gleicher Zeit entstand das *Altargehege*. Mehrere *Figuren aus einem Schnitzaltar* stammen aus dem 15. Jahrhundert: Anna Selbdritt, vier weibliche Heilige, Gottvater, Petrus und Paulus.

Zum Erhalt der Kirche entstand bald nach der Maueröffnung ein Verein, der durch Verkauf eines gebrannten Fensterleibungsziegels, des „Zarrentiner Männchens", Hilfe für die feuchte, renovierungsbedürftige Kirche leistete.

Der ehemaligen OSTFLÜGEL DES KLOSTERS hat sich erhalten. Er wurde Ende des 17. Jahrhunderts verputzt. Mehrere *zweischiffige Räume* sind noch erkennbar, deren Kreuzrippengewölbe von Kalksteinsäulen mit Kapitellen und Basen (im Keller) getragen werden. Der *Kreuzgang* ist durch spätere

Die Klosterkirche von Zarrentin erscheint an der Westfassade als wehrhafter Monumentalbau.

Einbauten verstellt. Das gesamte Ensemble befindet sich noch in schlechtem Zustand, soll jedoch in der Zukunft fachgerecht restauriert werden.

Die HEIMATSTUBE (Thomas-Müntzer-Straße 5; Tel. 312, Einlaß nach Anmeldung) ist in einem der Klostergebäude untergebracht. Sie existiert seit 1988 und enthält eine Gesteinssammlung aus dem Schaalsee-Gebiet, außerdem archäologische Bodenfunde des Mittelalters und Exponate zur Stadtgeschichte, wie Erzeugnisse der Zarrentiner Töpferei.

Wittenburg

nördlich der E 26, Abfahrt Wittenburg

Unter einer mittelalterlichen BURG wuchs und entstand die kleine Ortschaft, die 1218 das Stadtrecht erhielt. An dem dreieckigen Markt liegt das *Rathaus*. Von der Burg hat sich der *Torturm* teilweise erhalten, von der *Stadtbefestigung* die *Wallanlagen,* zwei *Wiekhäuser* und ein *Mauerturm.*

Die STADTKIRCHE ST. BARTHOLOMÄUS ist eine dreischiffige mächtige Backsteinhallenkirche von 1240–1284 mit schönen romanischen Schmuckdetails an Chor und Langhaus. Ihr erster in das Schiff integrierte Turm brannte 1657 ab und wurde 1909 durch einen westlich vorgesetzten Turm ersetzt, der das Ensemble wesentlich vergrößerte. Dadurch wurde das aufwendige Westportal mit reich profilierten Glasursteinabtreppungen in die Turmhalle eingebunden. An die Südseite ist ein gotischer Anbau gefügt. Dieser ist in Schiffshöhe kreuzrippengewölbt, außen mit Eckpfeilern, dem Südportal, einem geteilten Fenster und einer Maßwerkrosette im Giebel versehen. Die Pfeiler im Innern erweisen sich als aufwendig und reich mit Vorlagen belegt. Scheid- und Gurtbögen sind im Mittelschiff noch rundbogig, der Triumphbogen leicht gespitzt. Das Langhaus besitzt gebuste Kreuzrippengewölbe aus dem 14. Jahrhundert, der Chor schöne spätgotische Sterngewölbe.

Zu der reichen Ausstattung gehört das *Taufbecken* von 1243 mit plastischen Relieffiguren an der Außenwand. Sie zeigen

In Wittenburg ist außerhalb der Stadt das Agrar- und Forstmuseum um die Mühle angesiedelt (oben). Chor und Langhaus der Wittenburger St.-Bartholomäus-Kirche (unten) zeigen schöne romanische Details. Hier der gotische Anbau der Südseite mit Eckpfeilern und Maßwerkrosette.

Christus und die zwölf Apostel zwischen Inschriften. Den Kessel selbst tragen Kapuzenmänner.

Der *Schnitzaltar* entstand im 15. Jahrhundert. Er war ehemals in Hagenow aufgestellt und zeigt im Schrein eine Marienkrönung, seitlich und in den Flügeln vier Heilige und zwölf Apostel in zwei Reihen. Auf die Außenseiten der Flügel wurden im 17. Jahrhundert Passionsszenen gemalt.

Die hölzerne *Kanzel* entstand 1666, auf dem Schalldeckel ist Christus mit der Siegesfahne dargestellt.

Das RATHAUS ist ein Bau von Georg Adolph Demmler, 1851–1853 in historistischem Stil errichtet. Davor steht ein großer Findling mit einem ausgemeißelten Kreuz: der sogenannte *Graf-Heinrich-Stein* aus dem 13. Jahrhundert, angeblich eines der ältesten Denkmäler Norddeutschlands.

Mit seinen schlichten *Fachwerkhäusern* und *klassizistischen Putzbauten* sowie dem stattlichen *Pfarrhaus,* einem zweigeschossigen Backsteinbau am Kirchplatz, macht das Städtchen einen ordentlichen und gut erhaltenen Eindruck.

Das AGRAR- UND FORSTMUSEUM WITTENBURG, (Hagenower Chaussee, Tel. 27 40; Mo–Fr 9–16 Uhr) liegt außerhalb der Stadt und gruppiert sich um die *Wittenburger Mühle.* Die Holländerwindmühle wurde 1800 bei Schwerin erbaut und 1890 nach Wittenburg umgesetzt. Sie ist restauriert und durch ein 1847 erbautes Hallenhaus zu einem Ensemble mit Kräutergarten ergänzt, das zu einem Freilichtmuseum erweitert werden soll. Auf dem Gelände und in dem Hallenhaus sind diverse land- und forstwirtschaftliche Maschinen zusammengebracht, außerdem wird eine Ausstellung über die Jagd in Mecklenburg präsentiert.

Dreilützow

nordöstlich von Wittenburg , nördlich der E26

Die reizvolle kleine DORFKIRCHE ist ein Feldsteinbau mit verbrettertem Holzturm. Sie stammt vom Ende des 14. Jahrhunderts, besitzt Fenster, Portale, einen blendenverzierten Giebel und ein Gesims aus Backstein. Im Inneren zeigt sie

Die Holländermühle im Wittenburger Freilichtmuseum stammt aus dem Jahre 1800 und wurde in Schwerin gebaut. Im Jahre 1890 setzte man sie nach Wittenburg um.

einen reichgeschnitzten *Orgelprospekt* aus der Barockzeit und einen hölzernen *Kanzelaltar* mit gesondert aufgestelltem Kanzelkorb von 1732.
Das stattliche SCHLOSS ist ein barocker zweigeschossiger Backsteinbau mit Seitengebäuden von 1730 und 1759. Es handelt sich um eine große geschlossene Anlage mit Seitengebäuden um einen Ehrenhof. Beide Fassadenseiten haben einen übergiebelten dreiachsigen Mittelrisalit. An der Gartenseite erstreckt sich ein ausgedehnter *Landschaftspark.* Das Schloß wird heute als Wohnheim mit Werkstätten für Behinderte genutzt und ist, wie die gesamte Gutsanlage samt Wirtschaftsgebäuden, in gutem Zustand.

Lehsen

südlich der E 26 und südwestlich von Wittenburg

Das klassizistische, schöne GUTSHAUS von Lehsen wurde 1822 erbaut. Der zweigeschossige Putzbau mit toskanischem Säulenvorbau trägt ein Gebälk und einen Dreieckgiebel. Der *englische Park* mit Putti und dendrologischen Besonderheiten ist sehenswert. Ehemals Sitz der Familie von Laatzen, beherbergte das Gutshaus die LPG Wittenburg.

Zühr

südlich der E 26, südlich von Wittenburg

Das SCHLOSS, erbaut zu Beginn des 18. Jahrhunderts, ist hofseitig ein Fachwerkbau mit dreiachsigem giebelbekröntem Mittelrisalit und abgewalmtem Satteldach. Die Gartenseite ist seit Anfang des 19. Jahrhunderts in Backstein erneuert und besitzt eine Jugendstilglasveranda.
Wie das Schloß machen auch die *Gartenanlagen* einen sehr gepflegten Eindruck. Das Gebäude wird als katholisches Altenheim St. Josef geführt.

Dreilützow besitzt eine reizvolle kleine Dorfkirche in Feldstein mit verbrettertem Turm und einer barocken Ausstattung. Das Dreilützower Schloß erweist sich als stattliche Barockanlage mit Seitengebäuden, Ehrenhof und ausgedehntem Landschaftspark (unten links).
Ein großer Fachwerkbau in einer gepflegten Anlage ist das Schloß von Zühr. Gartenseitig besitzt es eine Backsteinfassade und eine verglaste Jugendstilveranda (unten rechts).

Hagenow

südlich der E26 an der 5

In Hagenow vernichtete ein Brand im Jahre 1538 die gesamte Altbausubstanz. So stammen die bestehenden Fachwerkbauten aus dem 17. bis 19. Jahrhundert.

Von Interesse ist das EMPFANGSGEBÄUDE des BAHNHOFS Hagenow-Land, ein spätklassizistischer, gut erhaltener Funktionsbau von 1845.

Das MUSEUM der Stadt (Lange Straße 79; Tel. 2008; Di und Fr 9–12 und 14–17 Uhr; Mi, Do, So 14–17 Uhr) ist in einem Fachwerkgebäude mit Speicher und Aufzug untergebracht. Es präsentiert *Stadt- und Regionalgeschichte* vor allem aus wirtschaftlicher und kultureller Sicht, einen *geographischen Überblick* über Steine, Bodenprofile und Pflanzen seit der Eiszeit und eine Ausstellung zu *Vor- und Frühgeschichte* des Kreises.

Die Sammlung verdankt ihre Existenz der aktiven Unterstützung der Hagenower Bevölkerung, darum liegt ihr Schwerpunkt in der Präsentation des Handwerks.

Pritzier

südwestlich von Hagenow an der 5, Abzweig Zufahrt zur E26

Das HERRENHAUS von Pritzier ist ein Putzbau, den ein Lübecker Baumeister 1820–1825 zweigeschossig errichtete. Architektonische Besonderheiten sind der dreiachsige Mittelrisalit mit Kolossalpilastern und Dreieckgiebel sowie Terrasse und Freitreppe, die auf der Gartenseite als Halboval hervortritt.

Dahinter liegt ein ovaler Saal mit prächtigem, gut erhaltenem Stuckornament. Das Haus weist starke Putzschäden auf, ist jedoch durch die Nutzung für Verwaltungszwecke insgesamt relativ gut erhalten.

Das Stadtmuseum von Hagenow ist in einem Fachwerkspeicher untergebracht. Hier können anhand von Dokumenten und Exponaten Stadt- und Regionalgeschichte nachvollzogen werden.

Lübtheen

südlich der 5, westlich der Griese Gegend

Wie ein Bild aus längst vergangenen Tagen präsentiert sich das Ortsbild mit dem Markt, den gepflegten *Fachwerkhäusern,* ein- und zweigeschossigen *klassizistischen Wohnbauten* und den Kopfsteinstraßen mit doppelten Lindenreihen. Im Jahre 1822 ist der Ort zum Marktflecken erhoben worden.
Die Stadtkirche wurde 1817–1820 in klassizistischem Stil erbaut. Wegen ihrer Nord-Süd-Richtung wurde sie nachträglich liturgisch geostet.

Redefin

an der 5 zwischen Boizenburg und Ludwigslust

Das Gestüt Redefin ist Pferdekennern längst ein bekannter Name. Es blickt auf eine lange Tradition der Warmblutpferdezucht zurück und wurde auf Anregung des in Ludwigslust residierenden Herzogs Friedrich Franz I. angelegt. Der mecklenburgische Oberlandbaumeister Carl Heinrich Wünsch erbaute die klassizistische Anlage seit 1820 auf einem weiträumigen Gelände um eine große ovale Freifläche.
Den Blickfang bildet nach dem hohen *Tor* die *Reithalle* in Form eines Tempelbaus. Alle Gebäude, selbst die *Ställe,* tragen die Merkmale des Klassizismus. Die alte Reithalle, ein schöner klassizistischer Kuppelbau, wurde abgerissen.
Das Gestüt wird nach wie vor als staatliches Hengstdepot mit jährlicher Hengstparade im September genutzt.

Dömitz

kurz hinter der Kreuzung der 195 mit der 191 an der Elbe – die Elbbrücke bei Dömitz, die Ende des 2. Weltkriegs zerbombt wurde, ist ab Winter 1992 wieder befahrbar

Dömitz ist heute eine Kleinstadt mit Fachwerkbauten, die an strategisch bedeutender Position im sogenannten Dreiländereck zwischen Mecklenburg, Brandenburg und Hannover liegt. Im Schutz einer Burg entstand die kleine Stadt als unregelmäßiges Fünfeck mit gitterförmigem Straßennetz. Sie

Das Gestüt Redefin war Traditionsort für die Zucht von Warmblutpferden. Das Gebäude-Ensemble hat sich in der ursprünglichen klassizistischen Anlage fast komplett erhalten (oben).
In Dömitz, einem verträumten Fachwerkstädtchen, finden sich noch Ecken wie diese „Am Wall" (unten).

erhielt 1259 das Stadtrecht. Die Burg wurde später zur Festung ausgebaut. Im Dreißigjährigen Krieg richteten sich dänische Söldner ein, später nahm Wallenstein hier Quartier. Im 18. Jahrhundert fügte man ein „Tollhaus" und ein Zuchthaus hinzu. Im Jahr 1809 nahm der deutsche Freiheitskämpfer Ferdinand von Schill die Festung im Handstreich, während die Franzosen das Rathaus und die meisten Bürgerhäuser zerschossen. 1813 wurde von hier aus der Befreiungskampf der mecklenburgischen Freiwilligen und der Lützower Jäger gegen Napoleons Armee geführt.

Die ehemalige FESTUNG, die Francesco a Bornau 1554–1565 für Herzog Johann Albrecht I. (1525–1576) auf dem Grundriß eines unregelmäßigen Fünfecks mit Bastionen und Kasematten errichtete, wurde bis ins 19. Jahrhundert wiederholt modernisiert. Sie ist eine der besterhaltenen Flachland-Festungsanlagen Deutschlands. Das aufwendige äußere *Portal* trägt ein Wappen, die Jahreszahl 1565 und ist im Stil der niederländischen Renaissance erbaut. Das dreigeschossige Kommandantenhaus in Backstein mit Turm an der Ostseite stammt im Kern ebenfalls aus dem 16. Jahrhundert.

In der früheren Kapelle der Festung, einem Raum im Turm, ist eine GEDENKSTÄTTE zu Ehren des hier inhaftierten Dichters Fritz Reuter eingerichtet. Reuter mußte 1839–1840 das letzte Jahr seiner Haft in der Festung Dömitz absitzen und beschrieb seine Erlebnisse in dem 1862 erschienenen Band „Ut mine Festungstid".

Das HEIMATMUSEUM im Festungshaus (Tel. 2401; April–Okt., Di–So 9–17; Nov.–März, Di–So 10–16 Uhr) ist im ehemaligen Kommandantenhaus untergebracht. Hier wird, auch anhand der bestehenden Anlagen, über die Geschichte der Festung und der Stadt, über die Elbschiffahrt und die bäuerliche Kultur der Umgebung informiert. Mehrere Ensembles veranschaulichen die Vergangenheit: Die ehemalige Ratsapotheke aus Ludwigslust sowie das Inventar der alten Dömitzer Apotheke und ein Kaufmannsladen mit Ausstattung aus der Zeit um 1920 werden hier gezeigt.

Im Dreiländereck zwischen Mecklenburg, Brandenburg und Hannover wurde die ursprüngliche Burg von Dömitz zur Festung auf dem Grundriß eines unregelmäßigen Fünfecks ausgebaut. Heute ist sie eine der besterhaltenen Flachlandfestungen Deutschlands. In den Jahren 1839–1840 verbrachte Fritz Reuter hier die letzte Zeit seiner Festungshaft. Im Kommandantenhaus der Festung (unten) ist heute das Museum untergebracht.

Lenzen

östlich von Dömitz an der 195

Lenzen liegt an einem alten Elbübergang, vermutlich an der Stelle einer slawischen Burg. Die Altstadt entstand auf ovalem Grundriß im frühen 13. Jahrhundert neben einer Burg, die Neustadt gegen 1300. Von der BEFESTIGUNG haben sich der sogenannte *Stumpfe Turm* im Osten der Stadt auf achtekkigem Unterbau, der 1889 restauriert wurde, sowie ein Teil der *Stadtmauer* erhalten.

Die STADTKIRCHE ST. KATHARINEN ist ein oft veränderter spätgotischer Hallenbau mit drei Schiffen und Querschiff, Chorquadrat und 5/8-Schluß. Der Westturm erhielt 1760 einen quadratischen Aufsatz. Außen läuft ein Spitzbogenfries um, Schiff und Chor besitzen Strebepfeiler. Im Innern tragen kreuzförmige Pfeiler die Kreuzrippengewölbe.

An den Gurtbögen und Arkaden befinden sich Reste mittelalterlicher *Malerei.* Mit dem Einbau von hölzernen *Emporen* wurde im 18. Jahrhundert das Interieur stark verändert. Aus dem Barock stammt der 1652 entstandene zweigeschossige *Altar* mit den Darstellungen des Abendmahls und des Jüngsten Gerichts. Die *Kanzel* ist eine Rokokoarbeit aus dem Jahre 1759, die *Orgel* wurde 1709 in Hamburg gebaut und besitzt ebenfalls einen Rokoko-Prospekt. Das *Kruzifix* an der Querschiffsempore stammt aus dem 18. Jahrhundert. Das bronzene *Taufbecken* wird von vier Katharinenfiguren auf Löwenköpfen getragen, an der Außenwand zeigt es Apostelfiguren unter Arkaturen. Heinrich Grawert aus Braunschweig schuf es im Jahre 1486.

Von der im 13. Jahrhundert errichteten quadratischen BURG blieben der mächtige runde *Bergfried* und ein zweigeschossiges *Wohngebäude* erhalten, das im Jahre 1727 ursprünglich in Fachwerk errichtet, später verputzt wurde und schmiedeeiserne *Gitter* aus der Spätrenaissancezeit besitzt.

Das RATHAUS ist ein Barockbau aus dem Jahre 1713.

Viele FACHWERKBAUTEN bestimmen das Ortsbild, sie stammen überwiegend aus dem 18. und 19. Jahrhundert.

Von der im 13. Jahrhundert errichteten Burg Lenzen haben sich der mächtige runde Bergfried und ein zweigeschossiges Wohngebäude erhalten (oben), von der alten Stadtbefestigung der sogenannte „Stumpfe Turm“ auf seinem achteckigen Unterbau (unten).

Ludwigslust

südlich der E26, an der Kreuzung der 5, 106 und 191
Herzog Friedrich Franz I. von Mecklenburg-Schwerin verlegte 1764 die Residenz von Schwerin in das Jagdschloß Kleinow und benannte sie nach seinem Großvater Christian II. Ludwig. Seit 1772 wurden Schloß und Stadt Ludwigslust als planmäßig angelegte spätbarock-klassizistische Residenz unter der Bauleitung von Johann Joachim Busch 1758–1796 errichtet. Vom Schloß ausgehend zieht sich eine Achse über den großen Vorplatz, (der als Parkplatz leider stets mit Bussen verstellt ist), die Kaskade, den Bassinplatz mit seitlichen zweigeschossigen Backsteinhäusern, den Kirchplatz und die Stadtkirche, die den architektonischen Gegenpol zum Schloß bildet. Trotz unübersehbarer Schäden aus den letzten Jahrzehnten strahlt die Anlage noch immer die ursprüngliche Großzügigkeit und Weltläufigkeit einer klassizistischen Residenz aus.
Das SCHLOSS (Besichtigung nur mit Führung, Di–Fr 13 und 14 Uhr; Sa und So 11, 12, 13, 14 und 15 Uhr) wurde 1772 anstelle des alten Jagdschlosses begonnen. Es ist ein dreigeschossiger, mit sächsischem Sandstein verkleideter Backsteinbau von 17 Achsen auf E-förmigem Grundriß mit Mezzaningeschoß, Pilastergliederung und hoher Attika. Diese trägt 40 Prunkvasen und überlebensgroße Figuren von Rudolph Kaplunger, die Personifikationen von Künsten, Wissenschaften und Tugenden vorstellen.
1776 bezog Herzog Friedrich den Neubau mit seinen 99 Zimmern. Nachdem sein Nachfolger, Großherzog Paul Friedrich, die Residenz 1837 wieder nach Schwerin verlegt hatte, wurde das Schloß bis 1945 von Angehörigen der herzoglichen Familie bewohnt. Das Staatliche Museum Schwerin übernahm danach die Gemälde und das Mobiliar, und es zog die

Das Schloß von Ludwigslust wurde mit seinen 99 Zimmern im Jahre 1776 von Herzog Friedrich von Mecklenburg-Schwerin als neue Residenz bezogen (oben). Baumeister war Johann Joachim Busch (unten), den Georg David Matthieu um 1770 porträtierte. Das Bildnis befindet sich heute in Schwerin.

staatliche Behörde ein. Die Letztbelegungen hinterließen gravierende Schäden. Die ehemals prachtvollen Innenräume sind schlecht erhalten und nur teilweise zugänglich.
Der schönste Innenraum ist der über zwei Geschosse reichende *Goldene Saal,* der Thronsaal, mit ursprünglicher Dekoration (Pappmaché mit anschließender Vergoldung). Durchgehende korinthische Pilaster werden von hölzernen Freisäulen verstellt, die schweres Gebälk und die Spiegeldecke tragen. Zwischen Säulen und Wand ist eine umlaufende Galerie eingebaut. Über den Türen befinden sich Supraporten in Grisaillemalerei. Zwei Kamine und Spiegel sowie der Parkettboden blieben von der alten Einrichtung erhalten, außerdem im Ostflügel zwei weitere (Wohn-)Räume mit Seidentapeten, Spiegeln und Kaminen.
Die Gartenfassade wird zur Zeit renoviert. Vor dem Eingang steht das *Denkmal Herzog Friedrichs* mit Degen und Rolle (ohne Inschrift). Für die große *Wasserkaskade* auf dem Schloßplatz wurde ein Kanal gegraben und die Rögnitz umgeleitet. Den plastischen Schmuck, Flußgötter, spielende Putten und das mecklenburgische Wappen, schuf Rudolph Kaplunger.
Ein weiträumiger und wohlgepflegter PARK schließt westlich und nördlich an, mit seinen 135 ha der größte seiner Art in Mecklenburg. Peter Joseph Lenné gestaltete ihn 1852–1860 unter Einbeziehung barocker Teile, *Kanälen und Wasserspielen,* zum Landschaftspark. Der östliche Park wurde waldartig, der größere westliche in Freiflächen gestaltet. Zahlreiche *Parkbauten* und *Denkmäler,* die zum Teil beschädigt sind, bestücken ihn, darunter eine *künstliche Ruine* von 1788 im englischen Garten, eine *Brücke mit Sandsteinvasen* über dem Großen Kanal, das um 1785 errichtete Denkmal mit Urne, Reliefbildnis und trauernden Genien für Herzog Friedrich von Rudolph Kaplunger, das *Schweizerhaus* von 1789 (Gaststätte) und die neugotische *katholische Kirche St. Helena* auf einer Insel. Sie wurde von Johann Heinrich v. Seydewitz als zierlicher Bau in romantischer Gotik errichtet.

Der schönste Innenraum von Schloß Ludwigslust ist der zweigeschossige „Goldene Saal" mit vergoldeter Pappmachédekoration. Die anderen Räume sind nur zum Teil zu besichtigen.

Schließlich sind das klassizistische *Mausoleum* für Helene Paulowna, 1804–1806 von Christian Lillie als klassizistischer Bau mit dorischer Säulenordnung erbaut, und das *Mausoleum* für Herzogin Luise, das Johann Georg Barca 1809 in blockhaftem Bau mit wachenden Löwenfiguren am Treppenaufgang schuf, zu sehen. 1821 kam der *Marstall* hinzu, 1824 das *Spritzenhaus.* Im architektonischen Kontext etwas fremd wirkt das in der Hauptachse hinter der Kaskade aufgestellte *Denkmal* für 200 Gefangene aus dem KZ Reiherhorst, das 1951 mit Tonplattenreliefs errichtet wurde und den Durchblick verstellt.

Die SCHLOSSKIRCHE, später Stadtkirche, wurde von Johann Joachim Busch 1765–1770 in der Art eines dorischen Tempels errichtet. Sie besitzt einen mächtigen, tonnengewölbten Saal mit Säulenvorhalle. Das raumbestimmende, von Dietrich Findorff begonnene *Kolossalgemälde,* eine „Anbetung der Hirten", das die Orgel verdeckt, vollendete Johann Suhrlandt im Jahre 1803. Der bühnenartige *Altar* und die *Kanzel* sind spätbarock. An der Eingangsseite ist die zweigeschossige *Hofloge* mit aufwendigem Zierat aus Pappmaché angebracht.

Ein *Epitaph* für die Familie Klenow von 1582 zeigt die Verstorbenen in Zeittracht. Zu dem reichen Kirchengerät zählt ein *Kelch* von 1330–1337 aus Schweden, den Ulpho Abörnesson für seine Frau Christina stiftete. Er besteht aus vergoldetem Silber und trug ursprünglich 84 Edelsteine, Perlen und anderen aufwendigen Dekor.

Zu gleicher Zeit wie der Schloßbau entstand, angelegt von Busch, die STADT LUDWIGSLUST in ein- und zweigeschossigen Einzel- und Reihen-*Wohnhäusern aus Backstein,* zunächst im *barocken,* ab 1825 in *klassizistischem Stil.* Nach 1800 war Johann Georg Barca entscheidend tätig. Als die Residenz 1837 nach Schwerin zurückverlegt wurde, stagnierte der Ausbau. Nach 1945 errichtete man Neubauten u. a. in der Nähe des Bahnhofs.

Ein weitläufiger, herrlicher Park mit viel plastischem Schmuck und Parkbauten umgibt das Schloß Ludwigslust. Für die große Wasserkaskade mußte ein Kanal gegraben und die Rögnitz umgeleitet werden. Vor dem Schloß steht das Denkmal Herzog Friedrichs Franz I. mit Degen und Schriftrolle (unten).

Nördlich und östlich von Ludwigslust

Grabow

südöstlich von Ludwigslust an der 5

Grabow ist wahrscheinlich 1252 zur Sicherung der Grafschaft Dannenberg neben einer slawischen Burg angelegt worden. 1275 und 1355 erhielt es lübisches Stadtrecht. Hier handelt es sich um eine ellipsenförmige Anlage mit einem großen Markt im Zentrum. Im Jahr 1725 wurden das Schloß, das Rathaus und ein Großteil der Stadt durch einen Stadtbrand vernichtet. Die Befestigung mit den beiden Toren wurde im 19. Jahrhundert abgebrochen.

Die STADTKIRCHE ST. GEORG ist ein dreischiffiger Hallenbau des frühen 14. Jahrhunderts mit mächtigem Westturm, dessen Obergeschoß im 20. Jahrhundert ergänzt wurde. Die Gewölbe brannten 1725 aus. Den Chor deckt ein hölzernes Kreuzgewölbe, das Langhaus eine Flachdecke. 1903 wurde der berühmte Grabower Altar des Meisters Bertram von Minden durch Alfred Lichtwark für Hamburg zurückgekauft. Er war ursprünglich für die Hamburger Petrikirche geschaffen und 1734 zusammen mit der *Kanzel* der Stadt Grabow geschenkt worden. Die Kanzel stammt aus dem Jahr 1555 und zeigt an den Füllungen des Korbs neutestamentliche Reliefs.

Das RATHAUS wurde nach dem Brand als zweigeschossiger, sehr reizvoller Barockbau in Fachwerk mit Giebel, Mansarddach und behelmtem Uhrtürmchen erneuert. Eine doppelläufige Freitreppe führt zum Markt herab.

Zahlreiche FACHWERKBAUTEN aus dem 18. Jahrhundert prägen das Gesicht der Stadt.

Das HEIMATMUSEUM (Am Markt, Tel. 3131; Juni–Sept., Mo–Fr 9–11 Uhr; Mi und So 14–16 Uhr, Okt.–Mai,

Warin
Warnow
Tarnow
104
106
208
Bad Kleinen
Ventschow
Mecklenburgische
Seenplatte
Schweriner See
Lübstorf
Brüel
104
Sternberg
Witzin
Lohmen
192
Dobbertin
SCHWERIN
Mestlin
Goldberg
Crivitz
241
Zölkow
Warnow
321
Warsow
Plate
Störkanal
Tramm
Friedrichs-
ruhe
106
321
Lübz
Kraak
191
Friedrichs-
moor
Parchim
24
Wöbbelin
Spornitz
Karbow-
Vietlübbe
Neustadt-
Glewe
E 26
Blievens-
torf
Marnitz
5
Ludwigslust
Grabow
Ziegen-
dorf
Karstädt
Zierzow
321
Putlitz
5
Groß
Warnow
Berge
Eldena

Di und Fr 9–11 Uhr, Mi und So 14–16 Uhr) neben dem Rathaus befindet sich in einem Fachwerkhaus von 1725. Das ehemalige Museum wurde 1945 vollkommen zerstört. Seit 1948 wird die stadt- und heimatkundliche Sammlung wiederaufgebaut; heute präsentiert sie Zeugnisse der frühgeschichtlichen Besiedlung der Region, Exponate zur Stadt- und Handwerksgeschichte, vor allem zur Flachsverarbeitung und zur Wohnkultur in Stadt und Land im 19. und 20. Jahrhundert. Außerdem beherbergt sie die Korrespondenz des Grabower Arztes Dr. Havemann mit Thomas Mann, dessen Vorfahren hier lebten.

Kraak

nördlich der E26, Abfahrt Ludwigslust, nordwestlich von Ludwigslust

Kraak war seit dem 14. Jahrhundert Sitz des Komturs der Johanniter-Komturei Sülzdorf. Die DORFKIRCHE ist ein einfacher Backsteinbau aus dem 15. Jahrhundert mit flachem Ostschluß. Sie besitzt einen spätgotischen *Flügelaltar* vom Beginn des 16. Jahrhunderts. Er zeigt eine Mondsichelmadonna im Schrein unter feinen Maßwerkarkaden zwischen den beiden Johannes und den zwölf Aposteln in den Flügeln. In der Predella erscheinen sechs Büsten weiblicher Heiliger. Auf den Malseiten sind eine Heimsuchung und eine Anbetung der Könige dargestellt. Außerdem gehören eine hölzerne *Triumphkreuzgruppe* mit stark bewegten Figuren von 1520–1530 und mehrere spätgotische *Schnitzfiguren* zur Ausstattung.

Wöbbelin

nördlich von Ludwigslust an der 106

MAHN- UND GEDENKSTÄTTEN WÖBBELIN (Tel. 413; April–Okt., Di–So 10–17 Uhr, Nov.–März, Di–So 10–16 Uhr). 1814 wurde in Wöbbelin ein Denkmal zu Ehren des 1813 gefallenen Dichters *Theodor Körner* mit Leier- und Schwert-Symbol aufgestellt und 1868 eine Gedenkstätte eingerichtet.

Ein reizvoller Fachwerkbau ist das Rathaus von Grabow mit seinem behelmten Uhrtürmchen und der Freitreppe (oben). Die architektonisch wenig herausragende Dorfkirche von Kraak besitzt einen bezaubernden spätgotischen Flügelaltar. Hier ist das Kirchenportal zu sehen.

Körner wurde 1791 in Dresden geboren, kam 1811 als Hofdichter nach Wien und schloß sich 1813 dem Lützowschen Freikorps im Kampf gegen die Truppen Napoleons an. Der 22jährige Dichter wurde bei einem Gefecht in der Nähe von Gadebusch tödlich verwundet und in Wöbbelin beigesetzt. Die jetzige Anlage der Gedenkstätte entstand 1976. Die Ausstellung zeigt Schriften Körners, Waffen und Uniformen der Lützower Jäger und ein Schlachtendiorama mit Zinnfiguren.

Eine weitere Ausstellung informiert über die zahllosen *Opfer des Nationalsozialismus* in der KZ-Außenstelle Reiherhorst, einem Außenlager des Hamburger KZs Neuengamme, südlich des Ortes.

Im Park der Gedenkstätte erinnert ein 1960 von Joachim Jastram geschaffenes Relief an die Opfer, die in den letzten Kriegswochen unter unmenschlichen Bedingungen hierhin gebracht wurden. 5.000 Menschen überlebten diese Strapazen nicht. Noch 1960 entdeckte man jenseits der Bahn ein unbekanntes Massengrab mit 218 Toten.

Friedrichsmoor

nördlich von Neustadt-Glewe

Das ehemalige Jagdschloss Friedrichsmoor liegt einsam und idyllisch an der Lewitz, die von der Elde durchflossen wird. Es wurde um 1780 als eingeschossige dreiflügelige Fachwerkanlage erbaut. Der Hauptbau besitzt einen dreiachsigen zweigeschossigen Mittelrisalit mit Segmentbogengiebel.

Hier befindet sich die seltene und berühmte *Bildtapete* „Die Jagd in Compiègne“, die vor 1815 in Paris bei Dufour nach Entwürfen von Charles Vernet gedruckt und bis 1964 im ehemaligen Jagdschloß Friedrichsthal bei Schwerin gehütet wurde. Die Jagdszenen wirken sehr plastisch und farbenfroh. Das Tapetenzimmer ist Mo–Fr 10–16 Uhr und Sa, So 14–17 Uhr zu besichtigen. Das Jagdschloß ist in ausgezeichnetem Zustand, besitzt ein Restaurant und eine Einrichtung

Einsam liegt das Jagdschloß Friedrichsmoor (oben), ein eingeschossiger dreiflügeliger Fachwerkbau, an der Lewitz. In Wöbbelin (unten) wurden dem Dichter und Freiheitskämpfer Theodor Körner im Jahre 1814 ein Gedenkstein und eine Gedenkstätte errichtet.

als Bildungszentrum mit Übernachtungsmöglichkeit. Die idyllische Umgebung verlockt zum Wandern.

Neustadt-Glewe

nordöstlich von Ludwigslust an der 191

Die Stadt ist eine Gründung der Grafen von Schwerin aus dem 13. Jahrhundert auf einem Landrücken über der Elde. Im Schutz der Burg erfolgte die weitere Ausdehnung um eine Hauptstraße und einen rechteckigen Markt. Mit ihrer verkehrsgünstigen Lage an der schiffbaren Elde und dem Vorkommen von Raseneisenstein gewann die Stadt schon Anfang des 16. Jahrhunderts industrielle Bedeutung, die Mitte des 18. Jahrhunderts wieder erlosch, zumal im Jahr 1728 ein ausgedehnter Stadtbrand wütete.

Danach entstanden zahlreiche hübsche Fachwerkbauten, die überwiegend renoviert werden müßten. Das letzte Relikt der Stadtbefestigung, der schlichte Fachwerkbau des Parchimer Tors, befand sich noch bis vor kurzer Zeit an seinem Platz.

In der STADTKIRCHE ST. MARIEN, die als frühgotischer turmloser, einschiffiger Backsteinbau vielfach verändert wurde, kann man eine prächtige hölzerne *Kanzel* betrachten, die der Lübecker Schnitzer Tönnies Evers 1578 für die Marienkirche in Wismar angefertigt hatte und die seit 1746, jedoch übermalt, in Neustadt-Glewe aufgestellt war. Bewundernswert ist das feine Renaissanceornament.

Die mittelalterliche BURG (das alte Schloß) entstand Mitte des 14. Jahrhunderts. Sie gilt als seltenes Beispiel eines gut erhaltenen Wehrbaus in Mecklenburg, ist auf rechteckigem Grundriß angelegt und in Backstein ausgeführt. Der runde Bergfried ist ein dreigeschossiger Bau mit Rautenmusterung und zwei Reihen Schießscharten. Das Obergeschoß mit den Vorhangbogenfenstern und Kegeldach kam erst im 16. Jahrhundert hinzu. Der Bergfried ist verbunden mit der Ringmauer, die mit Zinnen und einem Wehrgang abschließt. Im Osten liegt rechtwinklig anschließend das *Neue Haus,* herzogliches Wohngebäude während des 16. und 17. Jahrhun-

Die alte Burg von Neustadt-Glewe ist in Backstein ausgeführt und auf rechteckigem Grundriß erbaut. Sie umfaßt mehrere alte Gebäude, darunter einen Bergfried, und ist gut erhalten.

derts. Es wurde im Laufe der Zeit vielfach umgebaut und diente seit 1748 als Marstall. An der Westseite der Anlage befindet sich das *Alte Haus,* das Wirtschaftsgebäude, dessen Kern aus dem 16. Jahrhundert stammt. Die schöngelegene Burg diente bisher als Jugendherberge und ist in schlechtem Zustand.

Das (NEUE) SCHLOSS liegt weiter unten an der Elde. Es ist eine zweigeschossige Dreiflügelanlage, die Herzog Adolf Friedrich von Mecklenburg 1619 in Auftrag gab. Ghert Evert Piloot begann den Bau in holländischem Renaissancestil, der, verzögert durch den Dreißigjährigen Krieg, erst 1711–1717 in holländischem Klassizismus von Leonhard Sturm vollendet werden konnte. Dieser zweite Bauabschnitt bestimmte die Fassaden und die Innenarchitektur. So entstand eine zweigeschossige Dreiflügelanlage mit Ehrenhof und Mansarddach. Der Mittelrisalit, der durch Säulen und Dreieckgiebel betont ist, stellt die einzige Vertikalgliederung des Baus dar. Die Geschosse sind durch ein kräftiges Gesims voneinander geschieden. In zahlreichen Räumen sollen sich gute *Stuckarbeiten* der Italiener Andrea Maiani und Giuseppe Mogia aus der Zeit um 1715 erhalten haben. Die ursprünglich ausgewogene Raumaufteilung ist heute verändert. Der Besucher kann das Schloß zur Zeit jedoch nicht betreten.

Der Park wurde nicht vollendet. Das schwer vernachlässigte Bauwerk wurde bisher für Wohnungen, Verwaltung und die Stadtbibliothek genutzt.

Nördlich des Schloßplatzes liegt ein zweigeschossiger *klassizistischer Bau,* der einen Portalrisalit mit Dreieckgiebel auf Pilastern besitzt und als Kindergarten genutzt wird. Er ergänzt zusammen mit einem gleichermaßen schlecht erhaltenen *Postgebäude* das malerische Ensemble des Schloßplatzes. Ein Denkmal für die Geschwister Scholl und eine Gedenkplatte für Rudolf Breitscheid, der 1944 im KZ Buchenwald starb, gemahnt an die Gewaltherrschaft der Nationalsozialisten. Das Schloß ging 1991 in westlichen Besitz über.

Das (neue) Schloß von Neustadt-Glewe liegt idyllisch an der Elde. Der Bau zeigt ein Stilkonglomerat aus Renaissance- und Klassizismusformen. Leider ist er unansehnlich und vernachlässigt.

Parchim

nordöstlich von Ludwigslust und Neustadt-Glewe an der 191

Die Burg Parchim wurde 1170 erstmals urkundlich genannt, und 1226 erhielt die sich in ihrem Schutz entwickelnde Ortschaft (die Altstadt) Stadtrecht. Im Jahre 1249 wurde die Neustadt erstmals erwähnt; beide Stadtteile sind seit 1282 vereinigt. Im Mittelalter führte hier die Salz- und Bernsteinstraße entlang. Parchim galt um 1550 wegen des Tuchhandels als eine der bedeutendsten Landstädte Mecklenburgs; 85 Tuchmacher arbeiteten hier.

Von der STADTBEFESTIGUNG ist ein Teil der *Stadtmauer* im Westen und Südosten erhalten. In der mecklenburgischen Ständevertretung fungierte Parchim über Jahrhunderte als Vorderstadt, eine Bezeichnung für bestimmte urbane Privilegien. 1586 und 1612 wurde sie von Bränden verwüstet. Hier wurde Helmuth Graf Moltke, Generalfeldmarschall unter Kaiser Wilhelm I., im Jahr 1800 geboren, und Fritz Reuter ging einige Jahre hier zur Schule.

Heute macht das Städtchen mit seinem idyllischen Backsteinzentrum einen freundlichen Eindruck, wenn es auch hier nicht an kaputtgewohnten leeren Altbauten fehlt und sich in der Vorstadt die üblichen grauen Einheitsblocks finden.

Die PFARRKIRCHE DER ALTSTADT, ST. GEORG, wurde 1289 begonnen. Sie ersetzte eine Basilika gebundenen Systems. Im 15. Jahrhundert war St. Georg als dreischiffige Hallenkirche mit spätgotischem sterngewölbtem Hallenumgangschor vollendet. Der Westturm ist beidseitig von den vorgezogenen Seitenschiffen eingefaßt, an denen sich auch die reich profilierten Portale befinden. An den Chorpfeilern existieren Reste von *Wandmalereien* aus der zweiten Hälfte des 15. Jahrhunderts, die die vier Kirchenväter darstellen. Das Innere wurde Ende des 19. Jahrhunderts restauriert.

Zu der bereits 1844 stark reduzierten Ausstattung gehören Einzelteile des ehemaligen doppelflügeligen *Hochaltars,* den der Maler Henning Leptzow nach 1421 fertigte. An der Westwand des südlichen Seitenschiffs befindet sich ein 1844

Die Georgenkirche in Parchim ist eine dreischiffige Hallenkirche mit interessanter Architektur. Ein spätgotischer Hallenumgangschor mit Sterngewölben schließt sie im Osten ab, und eine wertvolle Ausstattung trägt zum Reiz der Kirche bei.

gefertigter Schrein mit den zwölf Apostelfiguren. An ihm sind die ehemaligen Innenflügel des Hochaltars angebracht. Die Außenflügel mit Gemälden des späten 16. Jahrhunderts, eine Ölbergdarstellung und eine Auferstehung, stehen im nördlichen Seitenschiff.

In der Turmhalle sind zwei spätgotische *Triumphkreuzgruppen* von guter Qualität aufgestellt. Die hervorragende Skulptur des *Christus als Schmerzensmann* aus dem 15. Jahrhundert ist im Chorumgang placiert.

Sehr wertvoll ist die 1580 geschaffene *Kanzel,* die der Lübekker Johannes Grantzin, gebürtig in Parchim, stiftete. In den Füllungen des Kanzelkorbs befinden sich detaillierte, feingeschnitzte Reliefs mit den Themen: Geburt Christi, Taufe, Abendmahl, Kreuzigung, den Gestalten des Stifters und seiner Frau, der Auferstehung, der Himmelfahrt Christi und Jüngstes Gericht. Sehr ausdrucksvoll ist der Schalldeckel mit den Evangelistenbildnissen, den christlichen Tugenden und einem triumphierenden Christus als Abschluß.

Eine *Renaissance-Taufe* von 1620, altes, wohl in Lübeck gefertigtes *Ratsgestühl* aus dem frühen 17. Jahrhundert und *Grabsteine* im Chorumgang tragen zum Reiz des Interieurs bei.

Die MARIENKIRCHE, die Pfarrkirche der Neustadt, ist eine dreischiffige Backsteinhalle, die um 1250 begonnen und 1278 geweiht wurde. Sie ist mit einem rechteckigen Chor mit Wimperg-Giebel geschlossen und besitzt einen monumentalen Westturm vom Beginn des 14. Jahrhunderts. Der zweijochige Anbau an der Nordseite entstand 1420–1430 und ist sterngewölbt. Im Außenbau sind trotz der relativ späten Bauzeit noch spätromanische Motive zu beobachten: Lisenen, Rundbogenfriese und Deutsches Band. Das Portal an der Südseite zeigt Rund- bzw. Birnstäbe zwischen Kehlen. Der Ostgiebel des Langhauses besitzt einfache Blenden.

1908 wurde grundlegend restauriert und dabei der Chor stark verändert. Ein großer *Schnitzaltar,* vermutlich lübischer Herkunft (um 1500), erweist sich als wertvolle Arbeit. Maria mit

Monumental ragt der Turm der Marienkirche, der Pfarrkirche der Neustadt in Parchim, in den Himmel. Sie weist am Außenbau noch spätromanische Elemente auf.

dem Kind im Strahlenkranz steht im Schrein, auf dem Wolkenrand schweben musizierende Engel, seitlich und in den Flügeln stehen 24 Heilige in zwei Reihen. Über ihnen befinden sich durchbrochene Ornamentschnitzereien. Die erste Wandlung zeigt acht Gemälde des Marienlebens, in völlig geschlossenem Zustand sind Gemälde zur Passionsgeschichte und zur Legende der Einhornjagd sichtbar. Die gemalte Predella stellt Christus, Ekklesia und Synagoge sowie die Klugen und Törichten Jungfrauen dar. Ein Blattkamm begrenzt den oberen Rand.

Außerdem birgt St. Marien eine *Bronzetaufe* von 1365 mit niederdeutscher Inschrift und 14 Arkaden für den apokalyptischen Christus und die Apostel, getragen von vier Männern mit Kapuzen und Schnabelschuhen. Die *Kanzel* ist mit 1601 datiert und im Aufbau jener in St. Georg verwandt: Sie zeigt am Korb Christus und die Apostel, von Pilastern gerahmt, und besitzt einen reichgeschnitzten Deckel mit Engeln und Reliefs und Christus als Weltenrichter.

Die reichgeschnitzte *Orgelempore* vom Anfang des 17. Jahrhunderts, die die ganze Breite der Kirche einnimmt, ist besonders sehenswert.

Zahlreiche FACHWERKHÄUSER, meist aus dem 17. Jahrhundert und oft mit Rosetten verziert, prägen das Stadtbild. Sehr eindrucksvoll ist das *Rathaus,* an dem nur noch der südwestliche Giebel original ist: ein breitgelagerter Staffelgiebel mit Maßwerkblenden. Johann Georg Barca gestaltete das Rathaus 1818 gotisierend um. Interessant ist ferner ein *Giebelhaus* von 1612 und das *älteste Haus der Stadt* von 1583, ein Fachwerkbau mit vorkragenden Obergeschossen.

Das MUSEUM DER STADT PARCHIM (Lindenstraße 38, Tel. 3210; Di–Fr 9–12 und 14–17 Uhr; bis Ende '92 geschlossen) ist in einem klassizistischen Gebäude untergebracht. Es präsentiert Exponate zur Ur- und Frühgeschichte, Zeugnisse der langen und wechselvollen Stadtgeschichte und eine ansehnliche Sammlung von Zinn- und Glaswaren und bäuerlichen Holzarbeiten.

Johann Georg Barca gestaltete im Jahre 1818 das Rathaus von Parchim in gotisierendem Stil um – ein Versuch der Angleichung an die beiden großen Hauptkirchen der Stadt.

Es werden Gemälde aus dem Museumsbestand gezeigt; und außerdem eine Karte vom „Großen Feld“ der Stadt von 1725, die sogenannte *Wippertsche Karte,* die das Alltagsleben der Zeit illustriert.

Als Besonderheit ist die Zeltbahn zu betrachten, die ein unbekannter Insasse des Parchimer Kriegsgefangenenlagers im Ersten Weltkrieg mit *Szenen aus dem Gefangenenleben* bemalte. Fritz Reuter besuchte von 1828–1831 das hiesige Gymnasium. Sein Werk wird im Museum gewürdigt.

Die GALERIE „EBE“ (Lübzer Chaussee 7) zeigt wechselnde Ausstellungen.

Das Stadtbild von Parchim ist von zahlreichen Fachwerkhäusern geprägt, die meist aus dem 17. Jahrhundert stammen. Oft sind sie – wie hier abgebildet – aufwendig dekoriert oder mit vorkragenden Geschossen und Giebeln versehen.

Was man unbedingt ansehen sollte

Ein Tag in Wismar
Das Wassertor, den Turm der Marienkirche, die Georgenkirche, die Nikolaikirche, die Heiliggeist-Spitalkirche mit dem Hospitalhaus, den Fürstenhof mit Neuem und Altem Haus, den Markt mit der „Wasserkunst", das Archidiakonat, den „Alten Schweden" und die schönen Bürgerhäuser der Stadt, das Stadtgeschichtliche Museum im Schabbellhaus.

Ein Tag in Schwerin
Das Schloß und den schönen Schloßpark, die Schloß-Museen: (Herrschaftsräume, Museum für Ur- und Frühgeschichte, bei Interesse das Polytechnische Museum), das Staatliche Museum, Kunstsammlungen, Schlösser und Gärten am Alten Garten. Es lohnt sich, die Innenstadt mit den zahlreichen Residenz- und Verwaltungsgebäuden, Palais und alten Bürgerhäusern zu entdecken; den Dom, den Schlachtermarkt, die Plastik „Der runde Tisch" vor dem Neuen Gebäude, den Schelfmarkt.

Ein Tag in Ludwigslust und Umgebung
Das Schloß, die weitläufige Anlage des Schloßparks mit den Parkbauten und der Kirche, die Stadt Ludwigslust, Neustadt-Glewe, das Jagdschloß Friedrichsmoor, das Gestüt Redefin, die Festung Dömitz mit Museum und Gedenkstätte.

Kultur-ABC

Alleen

Alleen sind eines der Naturwahrzeichen Mecklenburgs. Sie durchziehen weite Regionen an der Küste und im Binnenland und warten mit verschiedenen Baumarten auf. Zu SCHLOSS BOTHMER bei Klütz führt eine gestutzte Lindenallee.
In LÜBTHEEN überstanden doppelte Lindenreihen innerhalb der Stadt die Zeitläufte.
Im Süden, im Bereich nördlich der Elbe, existieren alte Birkenalleen in sandiger Landschaft. Der Bestand ist insgesamt sehr unterschiedlich; die Tendenz geht zur Erhaltung dieser seltenen Naturdenkmale.

Aussichtspunkte und Ausblicke

In SCHWERIN sollte der Blick vom Turm des Doms genossen werden.
Vom ISERBERG östlich von Grevesmühlen blickt man über Feld und Wald bis zur Ostsee.
Der alte Hafen in WISMAR bietet trotz der Verbauung noch immer einen reizvollen Blick auf die Stadt mit ihrem Gewirr von Kirchen- und Hausdächern.
Der 138 Meter hohe Fernsehturm von SCHWERIN gewährt eine Aussicht besonderer Art: auf die Plattenbausiedlungen zu seinen Füßen und weiter über den Wald und die Seen der Umgebung.
Von der SCHWEDENSCHANZE zwischen HOHEN VIECHELN und BAD KLEINEN genießt man einen Blick über den See und den Beginn des Wallensteingrabens.
Vom Kirchhof in LASSAHN blickt der Besucher weit über den Schaalsee.

Brunnen

Die sogenannte „Wasserkunst“ auf dem Markt von WISMAR enthält in dem Renaissance-Brunnenhaus aus Kalkstein und Schmiedeeisen einen Röhrenbrunnen, der als Wasserspeicher für die Brunnen der Stadt genutzt wurde.
Dem historischen Schlachtermarkt in SCHWERIN verleiht ein Brunnen die entsprechende Atmosphäre. Seine Relief-Thematik ist die bildliche Wiedergabe des Lieds „Von Herrn Pastor sin Kau“.

Burgen

Von der mittelalterlichen Burg in WITTENBURG blieb nur ein Torturm teilweise erhalten.
Die Burg von DÖMITZ wurde im 16. Jahrhundert zu einer bedeutenden Festung ausgebaut. Heute ist sie eine der besterhaltenen Flachlandfestungen Deutschlands.
NEUSTADT-GLEWE besitzt mit seiner Burg ein seltenes Beispiel eines guterhaltenen Wehrbaus in Mecklenburg.
Ein Bergfried und ein Wohngebäude sind letzte Zeugen der ehemaligen Burganlage in LENZEN.

Hübsche Städte und Dörfer

Der Ort LUDWIGSLUST wurde neben dem Schloß als klassizistische Residenzstadt mit ein- und zweistöckigen Backsteinbauten errichtet. Das Stadtbild hat sich wenig gewandelt.
Unter den erhaltenen Kleinstädten mit Fachwerkbauten sind BOIZENBURG und NEUHAUS zu nennen, die noch die verträumte Atmosphäre der Vergangenheit ausstrahlen.
SCHÖNBERG und NEUSTADT-GLEWE besitzen neben schlichten Fachwerkbauten noch viele klassizistische Bürgerhäuser.
REHNA, WITTENBURG, LÜBTHEEN, GADEBUSCH, CRIVITZ und LENZEN zeigen ein freundliches, gepflegtes Stadtbild.
PARCHIM hat ein idyllisches Backsteinzentrum und zahlreiche Fachwerkhäuser vorzuweisen.
Im ländlichen Bereich finden sich nördlich der Elbe gelegentlich noch alte Dorfanlagen in wendischer Rundlingsform. Da

diese Gegend seit jeher wirtschaftlich ärmer als der reiche Klützer Winkel geblieben war, finden sich noch mehr oder minder intakte niederdeutsche Hallenhäuser, z. B. in LÜBBENDORF und BELSCH.
Ein ehemaliges Fischerdorf hat sich in Rudimenten in HOBEN bei Wismar erhalten.

Friedhöfe
Nahezu jede Dorfkirche ist von einem alten Friedhof umgeben, der liebevoll gepflegt ist und nicht selten interessante alte Grabsteine aufweist. An der Küste finden sich gelegentlich Motive aus der Schiffahrt.
Der Friedhof von DORF MECKLENBURG ist in die Reste des zehn bis zwölf Meter hohen Slawenwalls integriert.

Gedenkstätten und Denkmäler:
Für Personen:
In WITTENBURG erinnert ein Findling, der sogenannte Graf-Heinrich-Stein, mit einem eingeschlagenen Kreuz aus dem 13. Jahrhundert an den Grafen Heinrich und die Christianisierung der Region.
Vor dem Schloß von LUDWIGSLUST steht in Gestalt einer Bronzefigur das Denkmal für Herzog Friedrich von Mecklenburg-Schwerin, den Gründer der Residenz.
In DÖMITZ ist in der Festung eine Fritz-Reuter-Gedenkstätte eingerichtet, die sich auf dessen Festungszeit 1839–1840 bezieht; seiner Schulzeit im örtlichen Gymnasium gedenkt das Museum in PARCHIM.
Für den Freiheitskämpfer und Dichter Theodor Körner sind in WÖBBELIN ein Denkmal und eine Gedenkstätte errichtet.

Für die Landesgeschichte:
An die Tragödie der Häftlingsschiffe „Kap Arkona“ und „Thielbeck“, die am 3. 5. 1945 in der Neustädter Bucht von britischen Jagdbombern versenkt wurden, erinnert ein Gedenkraum im Heimatmuseum KIRCHDORF AUF POEL und

eine Gedenkstätte mit steinernem Mahnmal am SCHWARZEN BUSCH auf Poel.
Für die Häftlinge des KZ Reiherhorst errichtete die DDR im PARK VON LUDWIGSLUST in der Blickachse hinter der Wasserkaskade ein Mahnmal.
In WÖBBELIN ist die Gedenkstätte für den Dichter Theodor Körner mit einer Ausstellung über die Opfer des Nationalsozialismus in der KZ-Außenstelle Reiherhorst erweitert. Im dazugehörigen Park gedenkt ein Relief der Verlegung der Opfer des KZ in den letzten Kriegswochen.
Auf das Schulgelände in DORF MECKLENBURG wurde 1973 eine vierteilige Plastik von Wieland Schmiedel gesetzt, die die Ideen von Karl Liebknecht und die sozialistische Vergangenheit sinnbildlich zur Anschauung bringt.
Erinnerungen an die Stadtgeschichte und an die sozialistischen Errungenschaften weckt ein farbiger Reliefblock in der Fußgängerzone Großer Moor in SCHWERIN. Die politischen und menschlichen Problematiken während der Wende vergegenwärtigt eine Eisenplastik auf dem Markt von SCHWERIN vor dem Neuen Gebäude: Sie heißt „Der runde Tisch".

Geistige und kulturelle Zentren
SCHWERIN (als Landeshauptstadt) und WISMAR stellen seit jeher die Kulturzentren (und Wirtschaftsschwerpunkte) der Region dar.
LUDWIGSLUST kann für die Periode, als es Residenz war (1764–1834), den Anspruch eines Kulturzentrums erheben.

Sehenswerte (intakte) Gutshäuser
Sie finden sich in VIETLÜBBE, KLEIN TREBBOW und LEHSEN in unterschiedlichem Erhaltungszustand.

Sehenswerte (intakte) Herrenhäuser
Die ländliche Adelskultur Mecklenburgs manifestierte sich in repräsentativen Schlössern, wie Schloß BOTHMER BEI KLÜTZ, einer weitläufigen barocken Backsteinanlage.

Das Schloß von SCHWERIN ist ein bauliches und stilistisches Konglomerat, das seit Jahrzehnten restauriert wird und verschiedene Museen beherbergt. Es entwickelte sich zum Touristenmagneten.
Von den 99 prachtvollen Räumen des Schlosses von LUDWIGSLUST sind nach jahrzehntelangem Verfall nur wenige zur Besichtigung freigegeben. Die großzügige Anlage ist aber noch immer sehenswert.
Dem Barockschloß PLÜSCHOW ist eine Zukunft als Kunstzentrum und Atelierhaus gesichert.
In schlechtem Zustand, aber dennoch einen Besuch lohnend, ist das Herrenhaus von WEDENDORF.
Sehr sehenswert ist das Äußere des Schlosses von GADEBUSCH mit seinem Terrakottadekor.
Schloß WILLIGRAD ist gut erhalten. Hier wird das Museum für Ur- und Frühgeschichte aus Schwerin Einzug halten.
In SCHWERIN LANKOW wird das Jagdschloß Friedrichsthal als Altenheim verwendet.
In DREILÜTZOW wird das gut erhaltene Barockschloß als Wohnheim und Arbeitsstätte für Behinderte genutzt.
Schloß ZÜHR ist katholisches Altenheim und befindet sich in sehr gepflegtem Zustand.
Das Herrenhaus von PRITZIER ist trotz seiner Fassadenschäden sehenswert.
Das hübsche Fachwerkschloß von FRIEDRICHSMOOR bewahrt die berühmte Bildtapete „Die Jagd von Compiègne“.

Hünengräber/Hügelgräber

An einigen Orten haben sich Zeugen alter Siedlungskulturen erhalten. Sie wurden zum Teil bereits vor rund 5.000 Jahren errichtet und bieten in den Grabbeigaben (Gefäße, Schmuck, Gebrauchsgegenstände) kulturgeschichtliche Aufschlüsse über die vor- und frühgeschichtlichen Siedler, die das Land bebauten und Viehzucht trieben.
Im EVERSDORFER FORST (zwischen Grevesmühlen und Wismar) finden sich im Norden des Geländes mehrere Dolmen

aus der Jungsteinzeit, im Süden darüber hinaus auch zwei Ganggräber. Dazwischen liegt mit dem sogenannten „Goldberg“ ein Hügelgrab aus der Bronzezeit. Ein archäologischer Lehrpfad führt zu den Stätten und erteilt alle gewünschten Auskünfte.

Ein Ganggrab bei KLEIN GÖRNOW (am Sternberger See) wurde erst 1966 erforscht.

Nahe bei FRAUENMARK liegt 300 Meter nördlich von Neu Ruthenbeck ein Großsteingrab mit Deckstein.

Besonders sehenswerte Kirchen

In SCHWERIN steht der Dom St. Marien und Johannes Ev. auf dem höchsten Punkt der Stadt. Er ist eines der bedeutendsten hochgotischen Bauwerke des Landes und besitzt beeindruckende Dimensionen. Die Schelfkirche bietet ein seltenes Beispiel für einen regionalen Barockkirchenbau. Außerdem sind in Schwerin die katholische Pfarrkirche St. Anna und die neugotische Paulskirche sehenswert.

In WISMAR blieb vom Trio der riesigen Hauptkirchen nach dem Zweiten Weltkrieg nur der 80 Meter hohe, prägnante Turm von St. Marien und die schwer beschädigte Georgenkirche übrig, die sich noch immer im Wiederaufbau befindet. Nur die Nikolaikirche ist intakt, barock ausgestattet und mit dem geretteten mittelalterlichen Inventar der zerstörten Kirchen komplettiert. Die schlichte Heiliggeist-Spitalkirche besitzt außergewöhnliche Wandmalereien und Altäre. Auch die Neue Kirche sollte wegen des Passionsaltars aus der Georgenkirche, der hier aufgestellt wurde, besucht werden.

Die Klosterkirche von REHNA enthält eine Ausmalung und eine bemerkenswerte Ausstattung.

In TEMPZIN ist die spätgotische Antoniterkirche leider in schlechtem Zustand.

Auch die Klosterkirche von ZARRENTIN bedarf der Restaurierung.

Bedeutende Stadtkirchen finden sich in: KLÜTZ (St. Marien),

SCHÖNBERG (St. Lorenz und St. Katharina), in GADEBUSCH (St. Jakob und St. Dionysius), in STERNBERG (St. Maria und St. Nikolaus), CRIVITZ (Stadtkirche), WITTENBURG (St. Bartholomäus), in GRABOW (St. Georg), NEUSTADT-GLEWE (St. Marien), in PARCHIM die Altstädtische Kirche St. Georg und St. Marien und nicht zuletzt in LENZEN (St. Katharinen).

In LUDWIGSLUST ist die klassizistische Schloßkirche zugleich die Stadtkirche.

Zahlreiche Dorfkirchen mit interessanter Architektur und sehenswerter Ausstattung zeugen von früher Hochkultur: in HOHENKIRCHEN, GREVESMÜHLEN, in DORF MECKLENBURG, in HOHEN VIECHELN, LÜBOW, NEUBURG-STEINHAUSEN, in KIRCHDORF auf der Insel Poel, VIETLÜBBE, KIRCH STÜCK, GROSS TREBBOW, FRAUENMARK, DREILÜTZOW und KRAAK.

Auch hier unerwähnte Kirchen lohnen fast immer den Aufwand des Schlüsselholens im Pastorat. Fast jede weist ein interessantes altes Inventarstück oder ein schönes Epitaph auf.

Klöster und Stifte

In REHNA haben sich von dem Benediktinerinnenkloster die Klosterkirche, drei Flügel des Kreuzgangs und der Kapitelsaal erhalten.

Von dem Antoniterkloster in TEMPZIN hat allein die Kirche die Zeit überdauert.

In ZARRENTIN blieb außer der Kirche der (heruntergekommene) Ostflügel des Klosters übrig, der gegenwärtig zum Kulturzentrum ausgebaut wird.

Kulturveranstaltungen

Ausstellungen: Die Galerien „Seezeichen“ in HOBEN bei Wismar, „Fliegende Kartoffel“ in HOHEN VIECHELN, „Heidekaten“ in BLOWATZ, Rolf Möller in WODORF, die „Galerie am Schloßberg“ in GADEBUSCH, „Am Pfaffenteich“ in

SCHWERIN und der „Krohnshof" in LÜBSTORF veranstalten Ausstellungen von Kunst und Kunstgewerbe.
Wechselausstellungen zeigt die Holländerwindmühle in STOVE.

Kunsthandwerk
In der Nikolaikirche in WISMAR findet man heute den prachtvollen Taufkessel von 1335 aus der Marienkirche.
Die Kircheninventare in Mecklenburg enthalten zahlreiche kunsthandwerklich hervorragende Arbeiten des Mittelalters, der Renaissance und des Barock.

Leuchttürme
Auf der Insel Poel wurde im Jahre 1871 der Leuchtturm nebst Lotsenhaus anstelle eines Holzbakenfeuers errichtet und 1930 auf 21 Meter aufgestockt.

Empfehlenswerte Museen und Sammlungen
SCHWERIN ist fast überreich an Museen und Sammlungen: Das bedeutendste Kunst- und Kunstgewerbemuseum der Region ist das Schweriner Staatliche Museum, Kunstsammlungen, Schlösser und Gärten. Das Museum für Ur- und Frühgeschichte (noch) im Schweriner Schloß kann als eine der bestpräsentierten und überzeugendsten Museumseinrichtungen Mecklenburgs gelten. Im sogenannten Schloßmuseum sind restaurierte Herrschaftsräume, inklusive Thronsaal und Ahnengalerie zu besichtigen. Die Galerie im Erdgeschoß des Schweriner Schlosses präsentiert mecklenburgische Künstler. Das polytechnische Museum im Schloß ist sehr lohnenswert. Zwei historische Museen und ein Volkskundemuseum in der Stadt präsentieren Stadt-, Land- und politische Geschichte.
Stadtgeschichtliche Museen finden sich auch in WISMAR in dem bekannten Schabbellhaus, in HAGENOW und in PARCHIM.
Heimatmuseen können in KIRCHDORF auf der Insel Poel, in GREVESMÜHLEN, SCHÖNBERG, GADEBUSCH, BOIZENBURG,

ZARRENTIN, NEUHAUS, GRABOW, STERNBERG und in der FESTUNG DÖMITZ besichtigt werden.
Als Außenstelle des historischen Museums Schwerin ist das Technische Museum SCHLEIFMÜHLE angelegt, eine restaurierte Wassermühle am Ende des Faulen Sees.
DORF MECKLENBURG und WITTENBURG besitzen Agrarmuseen.
Freilichtmuseen befinden sich in SCHÖNBERG (Bechelsdorfer Schulzenhaus) und in SCHWERIN-MUESS mit über 20 Anlagen und einer Sonderausstellung zur Binnenfischerei im „Kunstkaten".
Eine hochrangige Rarität ist das Archäologische Freilichtmuseum GROSS RADEN zur Geschichte der slawischen Besiedlung des Gebietes.

Naturschönheiten
Der KLÜTZER WINKEL im Nordwesten der Region ist altes Grafenland mit fruchtbaren Böden.
Der LEONORENWALD und der GOLDBEKER FORST laden zum Wandern ein. Zahlreiche Herrenhäuser finden sich hier, und die Landwirtschaft auf riesigen Feldern ist das unveränderte Charakteristikum des Landstrichs.
An der WISMARBUCHT zeigt sich die Ostseeküste in vielfältiger Gestalt: Dem SEEBAD BOLTENHAGEN folgt das vom Tourismus noch relativ unberührte WOHLENBERGER WIEK, ein tiefer Einschnitt ins Land, nördlich riegelt die große INSEL POEL mit dem sogenannten Breitling die Bucht von der offenen See ab. Sie ist ebenfalls einen Besuch wert.
Die Mitte der Region ist bestimmt von den ausgedehnten, reizvollen Seenlandschaften bei Schwerin, die vom Wechsel zwischen Wäldern und Feldern geprägt ist und einen regelrechten Waldseenpark bildet.
SCHWERIN selbst liegt attraktiv zwischen sieben Seen. Das Ostufer des SCHWERINER SEES grenzt an ein Naturschutzgebiet mit kilometerweiten Wandermöglichkeiten. Östlich schließt die MECKLENBURGISCHE SEENPLATTE an.

Von großer landschaftlicher Schönheit sind auch die Gebiete im Süden, das HAGENOWER LAND, die GRIESE GEGEND und die moorige LEWITZ, die ausgedehnte Waldbestände und Forsten besitzen.

Im Wechsel finden sich hier überdies sandige, abgeschiedene Gegenden mit endlosen Birkenalleen, zuweilen mit alten, unverbauten Dörfern in wendischer Rundlings-Anlage und intakten niederdeutschen Hallenhäusern.

Im Südwesten begrenzt die Elbe das Land.

Parks und Gärten

Das SCHWERINER SCHLOSS ist inselseitig mit einem Burggarten versehen, der in einen weitläufigen Barockpark, den Schloßgarten, übergeht und um einen Kanal angelegt ist.

Sehr weitläufig und gepflegt ist der vielseitige Landschaftspark von LUDWIGSLUST, der größte seiner Art in Mecklenburg. Für die große Wasserkaskade wurde ein Kanal gegraben und die Regnitz umgeleitet.

SCHLOSS BOTHMER besitzt einen schönen Barockpark, es ist außerdem nach holländischem Vorbild von Wassergräben durchzogen.

Das ehemalige Gutshaus in KLEIN TREBBOW ist von einem gepflegten Park umgeben.

An der Gartenseite des Schlosses von DREILÜTZOW erstreckt sich ein ausgedehnter Landschaftspark.

An das klassizistische Gutshaus von LEHSEN schließt ein verwilderter englischer Park mit Putti und dendrologischen Raritäten an.

Sehr gepflegt ist die Gartenanlage von SCHLOSS ZÜHR.

Bedeutende Persönlichkeiten der Region

ALBRECHT EUSEBIUS WENZEL VON WALLENSTEIN, HERZOG VON FRIEDLAND UND MECKLENBURG, Fürst von Sagan, wurde 1583 in Hermanitz/Ostböhmen geboren. Als Feldherr der kaiserlichen Truppen kämpfte er im Dreißigjährigen Krieg in Dömitz und führte als Interimsregent von Mecklenburg vom Schweriner Schloß aus Reformen durch, die den Adels- und Ständestaat in einen Beamtenstaat verwandeln sollten. Er plante u. a. mit dem Wallensteingraben eine Kanalverbindung vom Schweriner See zur Ostsee, deren Reste heute in Wismar restauriert werden. Als er nach Kriegseintritt Gustav Adolfs von Schweden im Jahre 1631 abdanken mußte, kehrten die mecklenburgischen Herzöge zurück und die Reformen wurden wieder aufgehoben. Wallenstein wurde 1634 in Eger ermordet.

GROSSHERZOG FRIEDRICH FRANZ I. VON MECKLENBURG-SCHWERIN (1756–1837). Unter seiner Herrschaft wurde der Regierungssitz seines Hauses von 1764–1837 von Schwerin nach Ludwigslust verlegt. Er gründete dort eine neue Residenzstadt und ließ die großzügige klassizistische Schloß- und Stadtanlage errichten.

FERDINAND VON SCHILL (1776–1809), preußischer Offizier und Freiheitskämpfer im Napoleonischen Krieg. Er nahm die Festung Dömitz im Handstreich und fiel im Straßenkampf gegen die Franzosen in Stralsund.

KARL THEODOR KÖRNER wurde 1791 in Dresden geboren. Ab 1811 war er in Wien Burgtheaterdichter und schloß sich 1813 dem Freiwilligencorps des preußischen Freiherrn von Lützow an. Er wurde der bekannte Dichter der Befreiungskriege („Das ist Lützows wilde verwegene Jagd"). Am 26. August 1813 wurde er nahe Lützow schwer verwundet und starb 22jährig.

FRITZ REUTER, 1810 in Stavenhagen geboren, niederdeutscher Dichter und Burschenschafter, wurde wegen Teilnahme an „Umtrieben" in Jena 1833 verhaftet, drei Jahre in Untersuchungshaft gesetzt, zuerst zum Tode verurteilt und dann zu Festungshaft begnadigt. Er verbrachte 1839–1840 das letzte Jahr seiner Haftzeit auf der Festung Dömitz und beschrieb die Erlebnisse aus dieser Zeit in dem 1862 erschienenen Band „Ut mine Festungstid". Er starb 1874 als Schriftsteller und Privatgelehrter.

Der Komponist FRIEDRICH FREIHERR VON FLOTOW wurde 1812 auf dem Rittergut Teutendorf in Mecklenburg geboren. 1855–1863 war er Intendant des Schweriner Hoftheaters. Seine bekannteste Opernkomposition ist der Publikumsliebling „Martha" (1847). Er starb 1883 in Darmstadt.

ADOLF FRIEDRICH GRAF VON SCHACK (1815–1894) wurde in der Lindenstraße 9 in Schwerin geboren. Er wurde Schriftsteller, Mitglied der Münchner Dichterschule und vererbte seine bedeutende Kunstsammlung von Werken des 19. Jahrhunderts Kaiser Wilhelm II. Sie wurde in München in der bekannten Schack-Galerie zusammengefaßt.

HELMUTH GRAF MOLTKE wurde 1800 in Parchim geboren. Er wurde 1871 unter Kaiser Wilhelm I. Generalfeldmarschall im preußischen Heer und gab die Weisungen im Deutschen (Deutsch-Österreichischen) Krieg von 1866 und im Deutsch-Französischen Krieg von 1870/1871. Er starb 1891 in Berlin.

Plätze

WISMAR hat mit seinem quadratischen Markt von 100 × 100 Metern den größten Platz in Mecklenburg vorzuweisen.

Trotz des Durchgangsverkehrs hat der alte Markt von REHNA mit Rathaus und anderen anliegenden Gebäuden seinen ausgeprägten Charakter bewahren können.

GADEBUSCH besitzt einen dreieckigen Platz mit Rathaus und zurückliegender Stadtkirche.

In SCHWERIN ist der Markt von bedeutenden historischen Gebäuden, z. B. dem Altstädtischen Rathaus, umgeben. Der kleine Schlachtermarkt ist außerdem eine historische Attraktion und der Schelfmarkt eine alte, neustädtische Anlage mit historischer, leider schadhafter Bausubstanz.

In STERNBERG umgeben Fachwerkbauten des 18. und 19. Jahrhunderts in geschlossener Anlage den Markt.
Der Schloßplatz in NEUSTADT-GLEWE könnte nach einer dringend notwendigen Restaurierung noch viel an Charme gewinnen.

Herausragende Profanbauten

Der schönste Profanbau in WISMAR ist der Fürstenhof, die ehemalige Stadtresidenz der mecklenburgischen Herzöge, mit seiner charakteristischen Renaissance-Terrakotta-Architektur (Reliefs und Formteile). Das klassizistische Rathaus am Marktplatz wurde unter Einbeziehung mittelalterlicher Bauteile errichtet. Als zierlicher spätgotischer Backsteinbau präsentiert sich das Archidiakonat. An altstädtischen Bürgerhäusern finden sich in WISMAR der spätgotische „Alte Schwede" und zahlreiche Bauten des 16., 17. und 18. Jahrhunderts.
In SCHWERIN sollten neben den barocken Palais und zahlreichen klassizistischen Bauten auch folgende Gebäude besondere Beachtung finden: das Neorenaissancegebäude des Mecklenburgischen Staatstheaters, das sogenannte Alte Palais in Fachwerk, das spätklassizistische Staatliche Museum mit der ausladenden Freitreppe, das dreiflügelige klassizistische Kollegiengebäude, das Altstädtische Rathaus mit neugotischer Fassade, das klassizistische Neue Gebäude an der Nordseite des Marktes mit seinen dorischen Säulen, der klassizistische Marstall, die ehemalige Münze, das Arsenal am Pfaffenteich sowie das Neustädtische Rathaus am Schelfmarkt. Um den Schelfmarkt herum finden sich zwar vom Zweiten Weltkrieg verschonte, aber dennoch stark heruntergekommene alte Bürgerhäuser. Das älteste Gebäude ist der ehemalige Domhof Puschkinstraße 34.
Auch PARCHIM besitzt einige wenige Häuser aus dem 16. und 17. Jahrhundert.
In GREVESMÜHLEN, GADEBUSCH, BOIZENBURG, WITTENBURG, GRABOW, PARCHIM und REHNA sollten die Rathäuser

beachtet werden. Das „Deutsche Haus“ in Rehna ist heute Gaststätte.
Ein Funktionsbau von Interesse ist das Empfangsgebäude des Bahnhofs Hagenow-Land.
Möllin besitzt ein Rauchhaus aus dem 18. Jahrhundert.
In Redefin blieb die klassizistische Gestütanlage bis auf die alte Reithalle erhalten.

Residenzen

Schwerin wurde seit 1358 ständige Residenz der Mecklenburger, mit Ausnahme der Jahre von 1764–1837. Seit 1815 Regierungsstadt des Großherzogtums Mecklenburg, wurde Schwerin nach der Wende Hauptstadt von Mecklenburg-Vorpommern.
Anstelle des Jagdschlosses von Kleinow ließ Herzog Friedrich Franz I. von Mecklenburg-Schwerin ab 1764 die klassizistische Residenz Ludwigslust mit Schloß und Stadt errichten.

Seebäder

Das zweitälteste Seebad in Ostdeutschland ist nach Heiligendamm Boltenhagen an der Boltenhagener Bucht. Mehr als vier Kilometer steinfreier breiter Strand (dem ein Waldstreifen an der Küste Windschutz bietet), die Steilküste im Westen und der sogenannte Urwald im Osten zum Wohlenberger Wiek hin sind die landschaftlichen Attraktionen in seiner nahen Umgebung. Daneben gibt es diverse Freizeitangebote für Kulturinteressierte: Zahlreiche alte Bauernhäuser und das Heimatmuseum „Reuterhaus“ sind zu besehen.
Weitere besuchte Bäder der Region sind Poel (mit längerem Fuß- oder Radweg zum Strand) und im Osten Rerik am Ende des Salzhaffs.

Slawenwälle

Reste alter slawischer Tempel-, Markt- oder Verteidigungsburgen, die zerstört wurden oder mit der Zeit verfallen sind,

finden sich bei DORF MECKLENBURG. Hier lag die Obotritenburg, die der Region ihren Namen gab. Erhalten haben sich Erdwälle in unterschiedlicher Höhe.
In GROSS RADEN ist der Slawenwall Bestandteil des archäologischen Freilichtmuseums.

Stadtbefestigungen
In WISMAR blieben von der Befestigung des 15. Jahrhunderts das Wassertor und der Wasserturm, ein Turm der Stadtmauer erhalten.
SCHWERIN besitzt von der ehemaligen Befestigung noch Mauerreste und einen Turm in der Burgstraße.
In STERNBERG blieben ein kleiner Teil der Stadtmauer und das mittelalterliche Mühlentor erhalten.
Von der Stadtbefestigung BOIZENBURGS existieren noch die Wallanlagen und der Stadtgraben.
Auch in WITTENBURG blieb die Wallanlage erhalten, außerdem zwei Wiekhäuser und ein Mauerturm.
PARCHIM besitzt noch Teile seiner alten Stadtmauer.
In LENZEN blieb allein der sogenannte Stumpfe Turm neben einem Teil der Stadtmauer stehen.

Sühnesteine
Im EVERSTORFER FORST befindet sich neben dem sogenannten „Goldberg" ein mittelalterlicher Sühnestein für Ludeke Mozellenburch aus dem Jahre 1391. Ein Sühnekreuz für H. Carlow steht an der Nordseite der Stadtkirche von SCHÖNBERG.

Technisches Kulturdenkmal
Als technisches Denkmal wirbt die alte Holländerwindmühle von STOVE mit Schaumahlen und Besichtigungsmöglichkeit um Besucher.

Theater
SCHWERIN besitzt mit dem Neorenaissancebau des Mecklen-

burgischen Staatstheaters eine Bühne von Bedeutung. Sie hatte ihren ersten Höhepunkt im Jahre 1753 mit der Gründung von Conrad Ekhofs Akademie.

Windmühlen

Holländerwindmühlen besitzen KLÜTZ, GREVESMÜHLEN und STOVE; letztere ist heute ein „technisches Denkmal".
Um die Holländerwindmühle von WITTENBURG gruppieren sich die Bauten des örtlichen Agrar- und Forstmuseums.
DORF MECKLENBURGS Mühle liegt nördlich des Ortes und ist heute eine Gaststätte.
In BANZKOW findet sich die letzte Lewitzmühle. Sie ist heute ebenfalls Gaststätte und ein letztes Überbleibsel der zahlreichen regionalen Windmühlen, die im sumpfigen Gelände zur Wasserregulierung eingesetzt worden waren.
In DABEL nahe Sternberg ist die Getreidemühle noch im Einsatz.

Zeittafel

Bronzezeit Im Raum Mecklenburg-Vorpommern bildet sich eine seßhafte Bevölkerung mit einem hochentwickelten Kunsthandwerk heran.
375–600 Völkerwanderung; die Germanen, meist Semnonen, Langobarden, Angeln und Sachsen, verlassen die Gegend in Richtung Süden. Das Gebiet ist nun fast menschenleer.
um 600 Westslawische Stämme ziehen in das von den Germanen verlassene Gebiet, im Westen die Obotriten, im Osten die Liutizen.
995 Erste Erwähnung der Mecklenburg, die dem Land seinen Namen gibt.
1124 Pommernfürst Wratislaw I. läßt sich taufen.
seit 1147 Sachsenherzog Heinrich der Löwe überfällt das Gebiet östlich der Elbe im Auftrag Kaiser Barbarossas, um die Christianisierung voranzutreiben.
1160 Der Obotritenfürst Niklot fällt im Kampf gegen Heinrich den Löwen bei der Burg Werle. Heinrich der Löwe erobert „Zuarin", die obotritische Fürstenburg, und gründet sie neu als Grafensitz (Grafschaft Schwerin). Noch im selben Jahr erhält das um die Burg entstehende Suburbium zusammen mit einer nahegelegenen Handelssiedlung das Stadtrecht.
1167 Heinrich der Lowe versöhnt sich mit Niklots Sohn Pribislaw, dem Stammvater des bis 1918 regierenden mecklenburgischen Fürstenhauses, und gibt ihm Nordmecklenburg zu Lehen. (Pribislaws Sohn Heinrich Borwin heiratet daraufhin Mathilde, die Tochter Heinrichs des Löwen. So wurden Slawen zu Stammvätern der mecklenburgischen Fürsten.)
1167-1171 Verlegung des Bischofssitzes von der Burg Mecklenburg nach Schwerin.

12. Jahrhdt. Die Grafschaften Schwerin, Ratzeburg, Dannenberg und die Bistümer Schwerin und Ratzeburg werden gegründet, ebenso die meisten der großen Städte.
1227 Schlacht bei Bornhöved in Holstein. Mecklenburg befreit sich vom dänischem Einfluß.
1229 Erste Teilung Mecklenburgs in die Fürstentümer Mecklenburg, Parchim, Güstrow und Rostock.
Wismar wird erstmalig urkundlich erwähnt als Stadt mit lübischem Recht.
1358 Die Grafschaft Schwerin geht durch Kauf an die Mecklenburgischen Herzöge; Schwerin wird ständige Residenz der Mecklenburger (mit Ausnahme von 1764–1837). Wismar tritt dem Hansebund bei.
1370 Frieden der Hansestädte mit Dänemark.
1419 Gründung der Universität Rostock.
1456 Gründung der Universität Greifswald.
1549 Auf dem Landtag von Sternberg wird für ganz Mecklenburg die Reformation beschlossen.
1621 Nächste Teilung Mecklenburgs in die Herzogtümer Mecklenburg-Schwerin und Mecklenburg-Güstrow.
1628/29 Mecklenburg geht an Albrecht von Wallenstein, weil der Kaiser ihn mit der Herzogwürde belehnt.
1631 Wallenstein verliert Mecklenburg durch den Eintritt Gustav II. Adolfs von Schweden in den Dreißigjährigen Krieg. Mecklenburg verfällt der Adelsherrschaft, weil Gustav II. Adolf die vertriebenen Herzöge wieder einsetzt. Wallensteins sinnvolle Reformen werden zurückgenommen.
1618–48 Mecklenburg und Pommern leiden unter dem Dreißigjährigen Krieg.
1648 Im Westfälischen Frieden erhält Mecklenburg die Bistümer Ratzeburg und Schwerin, muß aber Wismar und die Insel Poel an Schweden abtreten (kommen erst 1803 an Mecklenburg zurück). Teilung Pommerns: bis 1815 gehörte Vorpommern nördlich von Peene und Trebel mit Stettin und Rügen zu Schweden, Hinterpommern südlich der Peene mit Usedom zu Brandenburg.

1651 wird die bäuerliche Leibeigenschaft und Erbuntertänigkeit in Mecklenburg de jure festgelegt.
um 1680 Wismar wird von den Schweden zu einer der stärksten Festungen Nordeuropas ausgebaut.
1701 Teilung des Landes in Mecklenburg-Schwerin und Mecklenburg-Strelitz (mit Ratzeburg). Landtage, Landstände und Gerichte bleiben gesamtmecklenburgisch.
1733 Baubeginn der Residenz Neustrelitz.
1755 Der Erbvergleich zwischen den Ständen und dem Herzog von Mecklenburg-Schwerin vollendet den Ständestaat in seiner schärfsten Form. Er blieb mit seiner Rückständigkeit und Konservatismus bis 1918 Verfassungsgrundlage.
1764–1837 Ludwigslust ist Residenz.
ab 1772 Der Ort Ludwigslust wird als planmäßig angelegte spätbarock-klassizistische Residenzstadt errichtet.
1803 Schweden verpfändet Wismar an Mecklenburg (erst 1903 erfolgt die offizielle schwedische Verzichtserklärung).
1806/07 Französische Besatzung.
1810 Aufhebung der Leibeigenschaft in Pommern.
1815 Wiener Kongreß: Pommern geht an Preußen. Schwerin wird Regierungsstadt des Großherzogtums Mecklenburg.
1820 Aufhebung der Leibeigenschaft in Mecklenburg; Auswanderungswelle.
1848/49 Revolution.
1850 Übergang zur konstitutionellen Monarchie scheitert.
1876 Ludwigslust erhält das Stadtrecht.
bis 1918 Mecklenburg und Vorpommern sind Ständestaaten ohne Verfassung.
1918 Novemberrevolution: Abdankung des letzten Großherzogs von Mecklenburg, Friedrich Franz IV.
1918–1934 Schwerin ist Hauptstadt des Freistaates Mecklenburg-Schwerin.
1919–1923 Übergang zur parlamentarischen Demokratie.
1934 Mecklenburg-Schwerin und Mecklenburg-Strelitz werden im Rahmen der nationalsozialistischen Neuordnung der Länder vereinigt.

1934–1952 Schwerin ist Hauptstadt des Landes Mecklenburg.
1945 Mecklenburg gehört zur sowjetischen Besatzungszone; Bodenreform; Hinterpommern geht an Polen, Vorpommern an Mecklenburg.
1947 Neue Verfassung.
1949 Mecklenburg (mit Vorpommern) wird Land der Deutschen Demokratischen Republik.
1952 Neuaufteilung Mecklenburgs: Durch Volkskammerbeschluß werden Landesregierung und Landtag abgeschafft und das Land geteilt in die Bezirke Rostock, Schwerin und Neubrandenburg.
3. 10. 1990 Mecklenburg-Vorpommern wird Bundesland der Bundesrepublik Deutschland.

Kunsthistorische Fachausdrücke

Altan: Balkonartiger Austritt mit Brüstung im Obergeschoß
Altaraufsatz: Tafel oder Schrein auf dem Altartisch, meist einfach Altar oder Altarretabel genannt
anakreontisch: Lyrik des Rokoko in der Nachfolge Anakreons. Hauptmotive sind Liebe, Genuß, Lebensfreude
Anna Selbdritt: Darstellung der hl. Anna, ihrer Tochter Maria und dem Jesuskind
Antependium: vordere Verkleidung des Altartisches
Apsis: oft halbrunde Altarnische am Chor, meist am Ostende einer Kirche
Architrav: durchlaufender Steinbalken über der Säulenstellung, Hauptteil des Gebälks
Archivolte: Stirn und Leibung eines Rundbogens oder Bogenlauf im romanischen und gotischen Gewändeportal
Arkade/Arkatur: auf Pfeilern oder Säulen ruhender Bogen, Bogengang
Attika: das Dach verdeckende niedrige Wand über dem Hauptgesims eines Bauwerks oder einer Säulenreihe, oft mit Statuen besetzt
Baptisterium: Taufkirche
Basilika: drei- oder fünfschiffiger Kirchentyp mit hohem Mittelschiff, durch eigene Fenster beleuchtet, mit niedrigeren Seitenschiffen. Wenn sich über den Seitenschiffen Emporen befinden, spricht man von einer Emporenbasilika. Wenn das Mittelschiff keine eigenen Fenster hat, handelt es sich um eine Pseudobasilika
Basis: Fuß einer Säule
Belt: Almosenbrett aus Metall oder Holz
Bergfried: Hauptturm einer Burg
Beschlagwerk: Ornament, das bandeiserne Zierbeschläge imitiert
Birnstab: Rippenprofil mit ein, zwei oder drei Ornamentblättern
Blendarkade: unmittelbar der Wand aufliegender Zierbogen
Blende: ein dem Mauerkörper hinzugefügtes (vorgeblendetes) dekoratives architektonisches Motiv (blend = blind)
Blendmaßwerk: unmittelbar der Wand aufliegendes Maßwerk
Bündelpfeiler: um einen Pfeilerkern geordnete Gruppe von kleinen und großen Diensten
busig, gebust: der Scheitel der Gewölbekappen übersteigt den der Gurtbögen
Chor: östlicher Teil des Kirchenraums, urspr. den Geistlichen vorbehalten, die sich hier vor dem Altar zum Chorgesang versammelten. Dort befand sich das Chorgestühl. Eingezogener Chor: der Chor besitzt nicht die gleiche Breite wie das Schiff. Der Chorumgang führt um Chor und Chorhaupt herum, von ihm zweigen die Chorkapellen ab
Dachreiter: Türmchen auf dem Dachfirst, oft über der Vierung
Deutsches Band: Fries aus Backsteinen, deren Vorderkanten aus der Fassade vorkragen
diaphan: durchsichtig
Dienst: plastische, halb- oder dreiviertelrunde Bauglieder, die der Wand vorgelegt sind, sie „tragen" die Gewölbe
Epitaph: Wanddenkmal für einen Verstorbenen
Fassung: ein- oder mehrfarbige Oberflächenbehandlung, auch in verschiedenen Materialien
Festes Haus: Herrenhaustyp des 16. und 17. Jh. mit einigen wenigen Wehranlagen, entwicklungsgeschichtlich zwischen Burg und Schloß stehend
Fiale: gotisches Ziermotiv, Bekrönung des Strebepfeilers in Form eines Türmchens
Floris-Stil: nach Cornelius Floris (eigentlich de Vrient), 1514–1575, flämischer

Dekorateur, Bildhauer und Architekt des Manierismus
Fresko: auf feuchten Kalkputz aufgetragene Wasserfarbenmalerei
Fries: plastischer oder gemalter Flächenstreifen mit figürlichen oder ornamentalen Motiven
Fünte: (Herleitung: lat. fons = Quelle) niederdeutscher Name für den bronzenen Taufkessel
Gaden: Stockwerk, Geschoß oder Zone, z.B. Fensterzone
Gebälk: über der Säulenordnung durchlaufende Steinsetzung aus Architrav, Fries und Gesims
Gewände: Flanken des Portals
Gewölbe: Tonnengewölbe haben meist einen halbkreisförmigen Durchschnitt; Kreuzgratgewölbe stellen eine Durchdringung zweier Tonnengewölbe dar, die Schnittstellen sind gratig. Kreuzrippengewölbe haben anstelle der Grate Rippen. Netzgewölbe: die Rippen sind netzartig angeordnet
Grisaille: Malerei mit Graufarben
Gurtbogen: Verstärkungsbogen, quer zur Längsachse
Hallenkirche: mehrschiffige Kirche, die nur von Fenstern in der Außenmauer beleuchtet wird, da kein Schiff das oder die anderen mit einem durchfensterten Obergaden überragt
Haustein: Naturstein, dessen Oberfläche in Steinmetzarbeit behauen ist
Joch: gleichartiges Gewölbeelement. Die Einteilung in Joche wird mit der Wandgliederung durch Gurtbögen verdeutlicht
Kämpfer: Steinbasis am Ansatz des Bogens oder Gewölbes, auch über dem Kapitell
Kapellenkranz: den Chor umgebende Kapellenfolge
Kapitell: Haupt einer Säule, eines Pfeilers oder Pilasters
Karyatiden: Bauplastik; langgewandete weibliche Steinfigur, die auch Kore genannt wird
Kartusche: gerahmte Fläche, Trägerin von Wappen, Initialen, Emblemen
Klausur: den Mönchen vorbehaltener Bezirk eines Klosters
Kleeblattbogen: Bogen mit kleeblattförmigem Umriß
Knorpelwerk: Ornamentform des niederländisch-deutschen Manierismus
Krabbe: gotisches Zierelement in Form gekrümmter Blätter, an Fialen und Wimpergen häufig an den Kanten angebracht
Kreuzblume: ornamentale Bekrönung gotischer Fialen in stilisierter Blumenform
Kreuzgrat, Kreuzrippe: siehe unter Gewölbe
Krüppelwalm: Satteldach mit angeschrägten Giebelspitzen
Krypta: gewölbter Raum unter dem Chor
Laterne: Turm- oder Kuppelaufsatz in Form einer monumentalen Laterne
Lettner: steinerne Schranke, die in Kloster- oder Stiftskirche die Geistlichkeit von den Laien scheidet
Lisene: der Wand flach oder bandförmig aufliegendes Gliederungselement ohne Basis und Kapitell
Mandorla: mandelförmiger Heiligenschein
Maßwerk: gotische Zierform aus der Zirkelkonstruktion; ornamental ausgebildete, ausgeschnittene geometrische Fensterteilung. Häufigste Formen sind der Dreipaß, der Vierpaß und die Fischblase
Mensa: Tischplatte des Altars
Mezzanin: Zwischengeschoß, Halbgeschoß
Mittelrisalit: vortretender Bauteil in voller Höhe in der Mitte der Fassade
Obergaden: vorkragendes Obergeschoß
Ochsenauge: (œil-de-bœf) kreis- oder ellipsenförmiges Fenster. Besonders im Barock oft benutzt.
Oktogon: Achteck
Palmette: Pflanzenmuster aus gefächerten palmenähnlichen Blättern. Oft als Fries
Pfeilerbasilika: die Arkatur des Schiffs ruht auf Pfeilern
Pilaster: pfeilerförmige Vorlage, der Säule ähnlich mit Basis und Kapitell
polychrom: vielfarbig
polygon: vieleckig
Portal: Haupteingang, meist trichterförmig in die Wand eingelassen, oft beson-

ders gestaltet, in der Romanik Rundbogenportal, in der Gotik Spitzbogenportal
Portikus: säulengetragener Vorbau an der Haupteingangsseite
Predella: Sockel des Altaraufsatzes
profan: weltlich
profanisiert: dem kirchlichen Zweck entfremdet
Prospekt: bei Orgeln die sichtbare kunstvoll verzierte Front
Querhaus, Querarm: Kreuzarm in der Architektur des Kirchenschiffes
Refektorium: Speiseraum eines Klosters
Reliquiar: Behälter zur Aufbewahrung der Reliquien eines Heiligen
Remter: Speisesaal in der Deutschordensritterarchitektur
Retabelmalerei: Malerei auf dem Altaraufsatz
Risalit: in voller Höhe des Gebäudes vortretender Bauteil
Rocaille: Muschelrand einer asymmetrischen Kartusche, typische Form des Rokoko
Rundstab: Zierstab, dessen Querschnitt einen Viertel-, Halb- oder Dreiviertelkreis bildet
Rustika: Mauerwerk aus Quadern, deren Stirnseite „roh" bearbeitet ist
Saalbau/Saalkirche: einschiffige Kirche
sakral: kirchlich, geistlich
Sakramentshäuschen: turmartiger Behälter für das Gefäß mit der Hostie
Scheidbogen: Raumteile scheidender Bogen
Scheitelrippe: Nebenrippe bei sechs- oder mehrteiligen Gewölben
Schlußstein: formal gebildeter Schnittpunkt der Rippen, Stein im Scheitel des Bogens
Schöne Madonna: um 1400 entstandene Madonnen des Weichen Stils der Gotik
Schwibbogen: freistehender Bogen zum Ableiten des Gewölbeschubs oder zum Abstützen einer Mauer
Stele: aufgestellte Platte aus Stein
Strebepfeiler: an der Außenmauer anliegender Pfeiler, der die Wand stützt
Stufenhalle: das Mittelschiff ist höher als die Seitenschiffe, aber ohne eigene Beleuchtung
Stufenportal: das Gewände tritt stufenförmig zurück
Supraporte: Feld über dem Türsturz, oft mit Malerei ausgestattet
Tabernakel: Gehäuse zur Aufbewahrung der Hostie
Tambour: zylindrischer Teil zwischen dem Baukörper und der Kuppel
Terrakotta: gebrannter Ton
Tondo: Gemälde oder Relief in Rundform
Traufgesims: Sims längs der Traufe, gelegentlich mit Wasserspeiern oder -auslässen versehen
Triforium: Laufgang über den Arkaden, durchfenstert oder blind
Triptychon: drei durch Scharniere verbundene Tafeln, häufig als Altaraufsatz
Triumphbalken: Balken am Fuß des Bogens zwischen Mittel- und Querschiff oder Chor, auf dem die Triumphkreuzgruppe steht
Triumphbogen: Ehrenbogen, in der mittelalterlichen Kunst der Bogen zwischen Schiff und Vierung
Triumphkreuz: Monumentales Kruzifix am Triumphbogen oder auf einem Querbalken darunter, in der Regel mit Maria und Johannes als Begleitfiguren
Trompe l'Œil: (franz.: Augentäuschung) illusionistische Malerei
Tumba: Grabkasten, bestehend aus einem rechteckigen Unterbau und einer daraufliegenden Grabplatte
Tympanon: Türbogenfeld über dem Türsturz
Vierung: Teil der Kirche, in dem sich Langhaus und Querhaus durchdringen
Vierungsturm: Turm über der Vierung
Volute: schneckenförmiges Schmuckelement, meist an Giebeln
Vorlage: der Wand zur Verstärkung und Gliederung aufliegender Pilaster oder Dienste
welsche Haube: mehrfach geschweifte Turmhaube
Westwerk: monumental ausgebildeter Westbau an karolingischen, ottonischen und romanischen Kirchen. Oft in Verbindung mit eigenem Altar

Wiekhaus: kleiner, hausartiger Auslug auf der Stadtmauer, meist für den Wächter bestimmt

Wimperg: gotische Zierform, giebelartige Bekrönung

Würfelkapitell: Kapitell von kubischer Form

Zahnschnitt: friesartige Reihung klötzchenähnlicher Elemente (= Zähne)

Zentralbau: die Bauteile sind im Grundriß auf ein gemeinsames Zentrum bezogen

Zwerchhaus: (zwerch = quer) geschoßhohes Dachhäuschen in der Hausflucht, unter einem Zwerchdach (quer zum Hausfirst verlaufend)

Personenregister

Ortsregister

Literatur

Adamiak, Josef und Pillep, Rudolf: Kunstland DDR, München 1979

Dehio, Georg: Handbuch der Deutschen Kunstdenkmäler. Mecklenburg, München/Berlin 1980

Dreves, Peter: 1000 Ausflugsziele in Mecklenburg-Vorpommern, Rendsburg 1991

Institut für Denkmalpflege (Hg.): Die Bau- und Kunstdenkmale in der DDR. Mecklenburgische Küstenregion mit den Städten Rostock und Wismar. Bearb. von G. Baier, H. Ende, B. Oltmanns, H. Trost, Berlin 1990

Jung, Georg und Kunz, Wolfgang: Rügen, Hamburg 1991

Karge, Wolf und Kartowitsch, Klaus und Schmidt, Ursula: Museumsführer Mecklenburg-Vorpommern, Schwerin 1991

Krauss, Neidhard und Fischer, Egon: Unterwegs zu Burgen, Schlössern und Parkanlagen in Mecklenburg, Rostock 1991

Leier, Anne und Sandberg, Thomas: Reise durch das Land der Seen und Alleen. Mecklenburg-Vorpommern und Rügen, Hamburg 1990

Pfefferkorn, Rudolf: Norddeutsche Backsteingotik, Hamburg 1984

Piltz, Georg: Kunstführer durch die DDR, Leipzig/Jena/Berlin 1969
Reisen durch Mecklenburg und Vorpommern. Hg. in Zusammenarbeit mit dem Hamburger Abendblatt, Hamburg 1991

Reisen durch Mecklenburg-Vorpommern, Hamburg, 1991

Rügen, Hiddensee, Stralsund. Der Reisebegleiter, Berlin 1991

Sckopp-Witte, Gertje und Jessel, Hans: Mecklenburg-Vorpommern, Hamburg 1991

Wächter, Hans-Christof und Teufel, Heinz: Hiddensee, Hamburg 1992

Wächter, Hans-Christof und Teufel, Heinz: Usedom, Hamburg 1991

Bildnachweis

Farb- und S/W-Abbildungen:
Archiv Ellert & Richter, Hamburg: S. 44
Bildarchiv Preussischer Kulturbesitz, Berlin: S. 9, 11, 12/13, 15
Maike Bruhns, Hamburg: S. 39 links u, 73, 77, 81, 83, 85 u, 89, 123 o + u, 139 u, 143 (3 Fotos), 153 o, 157 o + u, 163 o
Interfoto-Pressebild-Agentur, München: S. 17 o + u
Hans Jessel, Keitum/Sylt: Titel, S. 20, 20/21, 49, 109
Georg Jung, Hamburg: S. 6/7, 24/25, 28/29, 35 o + u, 39 o + rechts u, 41 o + u, 51, 59, 61, 65 o + u, 71 o + u, 79 o + u, 91 (3 Fotos), 99 o + u, 101 o + u, 103 o, 105 o + u, 107 o + u, 111 o, 125, 127 o + u, 129 o + u, 131, 133, 137, 139 o, 141, 145, 147 o + u, 149 o + u, 151 o + u, 161 u, 165, 167
Kulturhistorisches Museum, Stralsund/ Bereitstellung der Druckvorlage: Römisch-Germanisches Zentralmuseum, Mainz: S. 19
Paul Mahrt, Osterholz-Scharmbeck: S. 53, 55, 85 o, 97, 155, 161 o, 163 u, 169, 171, 173, 175
Staatliches Museum, Schwerin:
S. 94/95: Johan Carl Wilck, Einzug des Herzogs Friedrich Franz in Schwerin am 11. Juli 1807, 1807/8, Öl/Lwd., 73,5 × 111 cm, Inv.-Nr. G 2663
S. 103 u: Pauline Soltau, Georg Adolph Demmler, 1873, Öl/Lwd., 68,3 × 56,3 cm
S. 111 u: Carel Fabritius, Die Torwache, 1654, Öl/Lwd., 68 × 58 cm, Inv.-Nr. G 2477
S. 113: Rembrandt Harmensz van Rijn, Portrait eines alten Mannes, o. J., Öl/ Lwd., 68,5 × 52,5 cm, Inv.-Nr. G 2462
S. 153 u: Georg David Matthieu, Hofbaurat Johann Joachim Busch, um 1770, Öl/ Lwd., 71 × 60 cm, Inv.-Nr. G 630
Staats- und Universitätsbibliothek Carl von Ossietzky, Hamburg: S. 46/47
Waldkirch/Bildagentur Schuster, Oberursel: S. 115

Karten:
Computerkartographie Huber, München: Umschlagskarten, S. 36/37, 66/67, 119, 121, 134/135, 159
Gabriele Clasen, Hamburg: S. 63

Impressum

Alle Angaben zu Museen und Sammlungen sind mit Sorgfalt zusammengestellt, jedoch ohne jegliche Gewähr. Stand Ende Juli 1992. Für Hinweise auf Veränderungen und Ergänzungen ist die Redaktion dankbar.

Text und Bildlegenden: Maike Bruhns, Hamburg
Lektorat: Dorothee v. Kügelgen, Hamburg
Gestaltung: Hartmut Brückner, Bremen
Satz: Fotosatz Wahlers, Langwedel
Lithographie: Litho Service Bremen GmbH, Bremen
Druck: C. H. Wäser, Bad Segeberg
Bindung: S. R. Büge, Celle

Die Deutsche Bibliothek – CIP-Einheitsaufnahme
Bruhns, Maike:
Von Wismar über Schwerin nach Ludwigslust /
[Maike Bruhns]. –
Hamburg : Ellert und Richter, 1992
(Ellert-&-Richter-Kunst-Reiseführer)
ISBN 3-89234-384-5
NE: HST

19,80

Ellert & Richter Kunst-Reiseführer

Ellert & Richter Kunst-Reiseführer

Rostock und seine Umgebung, der Darß und das Fischland

ab Juli 92

Ellert & Richter Kunst-Reiseführer

Stralsund, Rügen und Hiddensee

ab Juli 92

Ellert & Richter Kunst-Reiseführer

Von Greifswald nach Usedom

ab März 93

Ellert & Richter Kunst-Reiseführer

Mecklenburgische Seenplatte

Von Güstrow nach Neubrandenburg und Neustrelitz

ab März 93

Die unentbehrlichen Begleiter für Ihre Reisen durch Mecklenburg-Vorpommern

Alle wichtigen kulturhistorischen Denkmäler werden in den E & R Kunst-Reiseführern ausführlich beschrieben.

Alle Bände haben das handliche Format von 11 × 18 cm und sind reich illustriert mit Farbabbildungen und Karten.